A B C D E F G H I
J K L M N O P Q
R S T U V W X Y
Z Ä Ö Ü 1 2 3 4 5 6
7 8 9 0 A B C D E F
G H I J K L M N O P Q
R S T U V W X Y Z Ä Ö
Ü 1 2 3 4 5 6 7 8 9 0
A B C D E F G H I J K L
M N O P Q R S T U V
W X Y Z Ä Ö Ü 1 2 3
4 5 6 7 8 9 0

Eckhard W. Scholz • Sabine Weiden

# Die lustige Festzeitung

Hochzeit • Jubiläum • Abitur
Familientreffen • Bierzeitung

Augustus Verlag

# Inhalt

## Die Planung



## Hochzeitszeitung



## Geburtstag und Jubiläum



## Die Abitur-Zeitung



## Die Familienzeitung



## Bierzeitungen und andere Gelegenheiten

# Die Planung

„Festzeitung“ – das ist ein äußerst dehnbarer Begriff. Soll es eine „richtige“ Zeitung werden, z. B. eine Hochzeitszeitung, die vielleicht noch nach Jahrzehnten hervorgeholt werden soll, um Auskunft zu geben, wie „das damals denn so war“? Oder soll da einfach ein herrlicher Jux für einen runden Geburtstag oder ein Jubiläum vorbereitet werden? Wie soll unsere Festzeitung gestaltet werden? Eher ernsthaft? Oder soll eine spaßige, satirische, gar etwas „zweideutige“ Postille zu einem besonderen Ereignis hergestellt werden?

Was haben wir mit dem Ergebnis unserer Mühen vor? Soll die Festzeitung unter Einbeziehung der „Hauptpersonen“ erstellt werden? Oder soll sie eine Überraschung werden, muß also unter strengster Geheimhaltung produziert werden, um dann auf der Feier von einem stilecht gekleideten und stimmgewaltigen „Zeitungsjungen“ als „Extrablatt“ verteilt zu werden?

Grundsätzlich gilt: Alles ist erlaubt. Der Ton kann ernsthaft-besinnlich oder locker-lustig sein – die Arbeit bleibt die gleiche. Artikel müssen geschrieben, Illustrationen angefertigt, Gedichte gereimt und Fotos besorgt werden. Das bedarf schon einer vernünftigen Planung, denn das Endprodukt soll ja schließlich optisch und inhaltlich etwas hergeben.

Deshalb gilt immer: Lieber etwas eher mit den Vorbereitungen beginnen. Wenn man sich erst einmal an die Arbeit gemacht hat, wird man eines nämlich ganz schnell feststellen: Es dauert alles länger als erwartet. Die Zeit bis zum großen Ereignis verfliegt. Es kann also nicht schaden, mindestens ein bis zwei Monate vor dem Termin mit Planung und Vorbereitung zu beginnen!

**Terminplan**

| | |
|---|---|
| **3 Monate** vorher | Redaktion trifft sich zum ersten Mal<br>Festlegen von Umfang, Format, Themen, Art der Illustrationen<br>Ressorts: Text, Bilder, Technik, Kosten |
| **6 Wochen** vorher: | Redaktion trifft sich zum zweiten Mal<br>Layout-Versuche mit Texten und Bildern<br>Chaos! Alles ist teurer, technisch unmöglich, noch nicht fertig, ungeeignet! |
| **3 Wochen** vorher: | Drittes Treffen der Redaktion<br>Layout so gut wie fertig, Löcher werden jetzt gefüllt.<br>Kopier- oder Druckauftrag kann erteilt werden. |
| **1 Woche** vorher: | Probedruck liegt vor, letzte Korrekturen |

## Die Redaktion

Wer zum ersten Mal eine solche Festzeitung in Angriff nimmt, unterschätzt oft die Arbeit, die solche „verlegerischen“ Projekte nun einmal mit sich bringen. Deshalb ist es immer gut, diese Arbeit auf verschiedene Schultern zu verteilen.

Natürlich sollten die beteiligten „Redakteure“ sich von Anfang an darüber einig sein, welche Art von Zeitung sie herstellen wollen. Es bringt überhaupt nichts, wenn jeder für sich und vor sich hin werkelt. Ein gemeinsamer Plan muß her.

Also ist ein Gespräch wichtig, in dem die „Tendenz“ des Blattes für alle verbindlich festgelegt wird. Allen Beteiligten muß klar sein, ob ein besinnliches Blatt mit vielen ernsthaften Details und biographischen Rückblicken entstehen soll, oder ob eher eine „Bierzeitung“ mit Glossen, Parodie und Kalauern für Schmunzeln und Lachen sorgen soll.

Egal zu welcher Gelegenheit – Hochzeitszeitung, Geburtstagszeitung, Zeitungen zu Jubiläum oder Ruhestand, für ein großes oder kleineres Familientreffen oder als „Abi"-Zeitung zur Erinnerung an das bestandene Abitur – grundsätzlich gilt, daß jede „journalistische“ Darstellungsform erlaubt ist. Egal ob es sich bei den Prosatexten um einen Bericht, eine Meldung, eine Reportage, einen Kommentar oder eine Glosse handelt, um ein gereimtes oder ungereimtes Gedicht – es sollte schon bei der Planung festgelegt werden, wer was kann und wer sich um welchen Beitrag kümmert.

Selbstverständlich gilt für alle Beiträge, daß sie garniert mit Fotos oder Zeichnungen am besten wirken. Also sollte sich der jeweilige „Redakteur“ auch rechtzeitig um Beschaffung bzw. Herstellung dieser „Blickfänge“ kümmern.

# Das Layout

Einen ersten Überblick über den Inhalt der verschiedenen Festzeitungen haben wir schon, aber was ist mit dem Aussehen? Welches Erscheinungsbild soll unsere Festzeitung bekommen? Klar, am einfachsten ist das DIN A4-Format. Dann sieht unsere Festzeitung etwa so aus wie eine Illustrierte (nur leider nicht vierfarbig). Für dieses Format haben wir viele Vorschläge in diesem Buch für Sie gesammelt. Doch es gibt durchaus auch andere Formate, an die wir uns herantrauen können. Weniger schön ist jedoch das Format DIN A5 (Schulhefte). In diesem Format kann man nicht so recht gestalten, weil es zu klein ist.

Doch auch eine Zeitung im Format DIN A3 (doppelte DIN A4-Größe) ist mit unseren Vorlagen und Vorschlägen durchaus realisierbar. Selbst der „Druck" stellt kein großes Problem mehr dar, weil fast jeder Laser-Fotokopierer auch Kopien in diesem Format ermöglicht. Der ganz große Vorteil dieses Formats: Es entspricht bis auf ein paar Millimeter Unterschied dem „Berliner Format", in dem heute die meisten Tageszeitungen und Anzeigenblätter erscheinen. Wenn wir uns also entschließen, unser Werk in diesem Format herzustellen, haben wir allein schon vom äußeren Anschein fast eine echte Zeitung.

## Das Format DIN A4

Wir gehen davon aus und empfehlen, diese Größe zu wählen. Dafür sprechen die vergleichsweise geringeren Kosten und die bessere Handhabung. Außerdem – und darauf kommen wir später! – bieten heute viele Textverarbeitungsprogramme für den PC schon fertig gestaltete Zeitungsseiten in diesem Format, die man nach Belieben umbauen und mit eigenen Texten und Fotos versehen kann.

In den meisten Fällen wird die fertige Vorlage wohl kopiert werden. Aber bei einer hohen Auflage kann es sich durchaus auch lohnen, die fertigen Seiten zum Drucker zu geben. Das Endprodukt wird, eine saubere Vorlage vorausgesetzt, viel schöner sein. Aber die Kosten...

Wir gehen auch deshalb davon aus, daß unsere Festzeitung kopiert statt gedruckt wird (so ist es übrigens meistens). Ist diese Frage entschieden, können wir uns bei der Vorplanung darauf einstellen und weiter darüber nachdenken, wie das Endprodukt aussehen soll. Nur dann können wir ruhigen Gewissens an das Layout (Gestaltung, Planung der Inhaltsaufteilung) und den Umbruch (endgültiges Zusammenbasteln von Texten, Illustrationen und Fotos) herangehen.

Vor allem sollten wir uns schon jetzt Gedanken über die spätere Heftung machen. Eine Loseblatt-Sammlung macht sich nicht besonders gut. Wir haben aber verschiedene Möglichkeiten, fliegenden Blättern vorzubeugen:

Die einzelnen Seiten werden gelocht und sauber geheftet (dann sollten wir schon beim Layout die Ränder breit genug einplanen). Bei dieser Variante sollten wir nur die Vorderseite „bedrucken".

Im Papierwarenhandel gibt es Kunststoffschienen, in welche die einzelnen Seiten eingeschoben werden können. (Auch hier bietet es sich an, die Seiten nur einseitig zu bedrucken.)

Auch eine saubere Möglichkeit: Jede einzelne Seite kommt in eine Klarsichthülle mit Lochrand. Bei dieser Methode können beide Seiten bedruckt werden, da es keine Mühe macht, auch die Rückseite zu lesen. Aber: Die Klarsichthüllen sind nicht ganz billig.

Natürlich kann die Festzeitung auch „gelumbackt", also mit Leim und Buchbindergaze „gebunden" werden. Dieses Verfahren wird heute bereits von vielen Copy-Shops angeboten, auch viele Buchbinder erledigen diese Arbeit schnell und relativ preiswert.

Ein weiteres sauberes (wenn auch wieder nicht ganz billiges) System ist die Spiral- oder Ringbindung. Wer sich für diese Möglichkeit entscheidet, sollte im örtlichen Papierwarenhandel nachfragen. Auch viele Copy-Shops bieten solche Bindungen an.

Die bisher beschriebenen Möglichkeiten sehen zwar sauber und ordentlich aus – nicht aber nach einer echten Zeitung oder Illustrierten. Damit es noch profimäßiger wirkt, müssen wir schon zu einer klassischen Bindetechnik greifen – und zum doppelseitig bedruckten Bogen. Wie gesagt, ist es heute auch in der kleinsten Stadt kaum noch ein Problem, eine vernünftige Kopie in DIN A3 machen zu lassen. Mit einer solchen Seite haben wir das doppelte DIN A4-Format. Auf einem querliegenden Blatt DIN A3 haben also nebeneinander zwei DIN A4-Seiten Platz. Und auf der Rückseite noch einmal zwei Seiten, macht zusammen vier Seiten. Drei DIN A3-Seiten übereinander ergeben also eine Zeitung von 12 Seiten im Format DIN A4, vier Seiten gleich 16 Seiten, fünf Seiten gleich 20 DIN A4-Seiten, und so weiter.

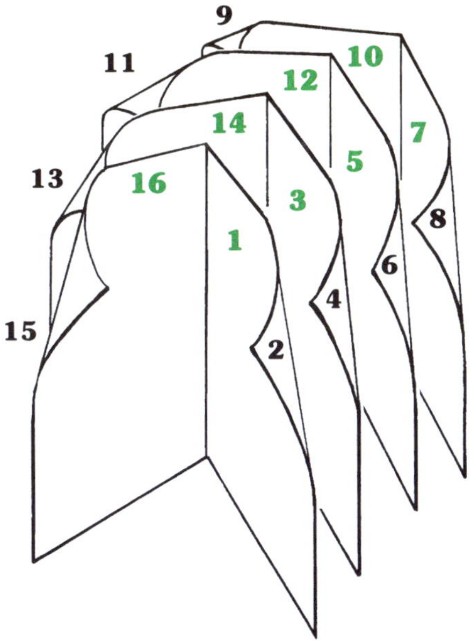


Der ganz große Vorteil unseres DIN A4-Formates auf DIN A3-Bögen besteht darin, daß die Zeitung, die auf diese Art entsteht, tatsächlich in der Mitte gefalzt und dann geheftet werden kann. Diese Heftung kann ganz einfach mit Nadel und Faden erfolgen. (Dabei wird eine liegende 8 genäht, der Knoten kommt nach innen). Natürlich kann man auch bei einem Buchbinder vorbeigehen und ihn bitten, die Seiten zu heften.

## Das Format DIN A3

Jetzt geht es um die Größe, bei der man wirklich schon von „Zeitung" im Sinne einer Tageszeitung reden kann. Hier fehlen nur wenige Millimeter am echten Zeitungsformat (Berliner Format). Wer ganz mutig ist, produziert seine Festzeitung in dieser Größe. Weil wir kaum einen Copy-Shop finden werden, der uns Kopien im doppelten DIN A3-Format (DIN A2) anfertigen wird (von den Kosten ganz zu schweigen), wird unsere Zeitung allerdings wieder ohne Falz auskommen müssen. Aber dieses große Format wirkt auch, wenn wir es klammern oder lochen und heften.

Wer aber einen noch größeren Erfolg erzielen will, besorgt sich „Zeitungshalter", wie wir sie aus Cafés kennen. (Solche Halter gibt es mit etwas Glück beim Vertrieb der örtlichen Tageszeitung oder bei einem Deco-Händler.) Sind die einzelnen Seiten der Zeitung erst in diesem Halter eingeklemmt, ist unsere „Festzeitung" kaum noch von einer echten Zeitung zu unterscheiden.

Für die Planung und das Roh-Layout einer Zeitung im Format DIN A3 gehen wir genauso vor wie beim kleineren Format. Tatsächlich bauen wir unsere DIN A3-Zeitung sogar zuerst im Format DIN A4. Wir legen die Seiten übereinander, numerieren sie durch und zeichnen die Positionen und Größen ein für unsere einzelnen Artikel, Bilder, Zeichnungen und Überschriften. Wenn die Zeitung fix und fertig im kleinen Format erstellt ist, marschieren wir in den Copy-Shop und lassen das Ganze auf das große Tageszeitungsformat hochkopieren. Sauberes Arbeiten (Kleberänder, Kästen etc.) ist oberstes Gebot, in der Vergrößerung werden selbst kleine Fehler sichtbar. Deshalb noch einmal der Hinweis: Das große Format ist nur etwas für sehr mutige und akkurate Zeitgenossen! Allerdings können ohne Probleme auch für dieses Format unsere Vorlagenseiten benutzt werden (einfach hochkopieren).

Übrigens: Ist das große Format geplant, bietet es sich an, Vorder- und Rückseite zu benutzen. Es genügt, wenn auf der Bindeseite ein etwas größerer Rand fürs Heften gelassen wird.

Ganz schnell wird sich herausstellen, daß man in diesem Format vielleicht nicht gerade eine 48seitige Zeitung planen sollte. Erst wenn man selber unter die „Verleger" geht, merkt man, wie hoch die Papier- und Druckkosten (in unserem Fall also die Kopierkosten) sind. Und schließlich muß das alles ja auch recherchiert, geschrieben und fotografiert werden.

## Tips zum Seitenaufbau

Jede Zeitung, jedes Magazin und jedes Journal hat ein „Gesicht"? Wie also soll die Festzeitung aussehen? Bei einer Zeitung im DIN A4-Format sollten die Redakteure sich bei der Optik ruhig am Erscheinungsbild einer Illustrierten orientieren. Also ein großes Bild auf der Titelseite – z. B. das Brautpaar – den „Zeitungstitel" darüber und vielleicht noch zwei oder drei Schlagworte zur Inhaltsangabe.

Wenn unsere Festzeitung aber eher einen Tageszeitungscharakter haben soll, dann stürzen wir uns vielleicht sogar auf das große DIN A3-Format.

Bei der DIN A4-Seite mag es ja noch angehen, wenn wir die einzelnen Seiten so beschriften, wie wir es beim Briefbogen machen, also einen „einspaltigen" Text verfassen. Wenn wir bei diesem Layout auf jeder Seite ein oder zwei Kästen für Fotos, Zeichnungen und kleinere Texte aussparen (und diese Elemente später sauber einfügen), ergibt das immer noch ein schönes Layout für ein Heft. Schöner allerdings – und professioneller – wirkt es auch in diesem kleinen Format, wenn man die einzelnen Seiten zwei- oder dreispaltig anlegt.

Wenn es aber eine „Zeitung" werden soll, also im DIN A3-Format gearbeitet wird, kommt man um eine mehrspaltige Seitenaufteilung gar nicht herum.

Ganz egal, ob die Zeitung im DIN A4-Format gedruckt oder später auf das große Format A3 hochgezogen (umkopiert) werden soll – ohne ein bißchen Rechenarbeit geht es nicht.

Eine leere Seite liegt auf dem Tisch. Wir wollen – beispielsweise – eine dreispaltige Seite anlegen. Zuerst rechnen wir die Ränder ab (rundherum zwei bis drei cm) und zusätzlich den „Spaltenzwischenraum" (0,3 bis 0,5 cm).

In unserem Beispiel also 1 x 2,5 cm außen, 1 x 2 cm innen, plus 2 x 0,5 cm Spaltenzwischenraum, das ergibt 5,5 cm. Eine DIN-A4-Seite ist 21 cm breit, bleiben also für den Text (21 cm minus 5,5 cm) 15,5 cm. Diese 15,5 cm teilen wir durch drei und erhalten so unsere „Spaltenbreite" von 5,2 cm.

Dieses Beispiel entspricht der Aufteilung dieser Buchseiten. Natürlich können Sie stattdessen eigene Maße einsetzen. Sie können sich die Arbeit allerdings noch einfacher machen, wenn Sie für die Einteilung Ihrer Seiten einfach das Lineal übernehmen, das wir hier und auf der nächsten Seite für Sie abgedruckt haben.

Ist dieser „Seitenspiegel" erst einmal erarbeitet und aufgezeichnet, werden diese (bis auf die Spalten) leeren Seiten kopiert.

Auf den Kopien werden nun – Seite für Seite – die einzelnen Beiträge „eingespiegelt". Das bedeutet, daß wir – bewaffnet mit Bleistift und Lineal – einzeichnen, wo auf der jeweiligen Seite ein Text, ein Kastentext, ein Foto oder eine Zeichnung untergebracht werden soll. Achtung: Platz für Überschriften nicht vergessen!

Um es zu verdeutlichen, noch einmal die Arbeitsschritte für eine Festzeitung im A4-Format auf drei DIN A3-Bögen (= 12 Zeitungsseiten):

– Die drei Seiten werden säuberlich in der Mitte geknickt.

– Anschließend numerieren wir die Seiten von der ersten bis zur letzten Seite durch. Das ist wichtig, damit die Seitenfolge später auch stimmt.

– Auf den so gekennzeichneten 12 Seiten werden Beiträge (Texte, Fotos, Zeichnungen, Überschriften) grob skizziert. Bereits jetzt sollte auf den Seiten eingetragen werden, an welcher Stelle welche Vorlagen verwendet werden sollen. So erhält man einen vernünftigen Plan, mit dem weiter verarbeitet werden kann. Nur so läßt sich einigermaßen abschätzen, welche Umfänge für die „Berichterstattung" zur Verfügung stehen. Außerdem ergibt sich daraus schon ein erstes Bild, wie die fertige Zeitung schließlich aussehen wird.

Nach diesen Vorarbeiten ist es dann möglich, relativ genau abzuschätzen, wieviel Text und welche Anzahl von Fotos und Zeichnungen für die jeweilige Festzeichnung gebraucht werden.

Übrigens sollte man sich an diesem Punkt bereits über die „Schriftgröße" Gedanken machen, in der die Texte und die Überschriften schließlich in der Zeitung stehen sollen.

Wer später seine Texte mit dem Computer erarbeitet, hat da wenig Probleme, weil er zwischen vielen Schriften und Schriftgrößen wählen kann. (Achtung: nie mehr als zwei bis drei verschiedene Schriften verwenden!)

Wer allerdings mit der Schreibmaschine arbeitet, sollte vorher – da hilft wieder das Lineal! – wenigstens ungefähr ermitteln, wie viele Zeilen Text er in seinem jeweiligen Artikel unterbringen kann.

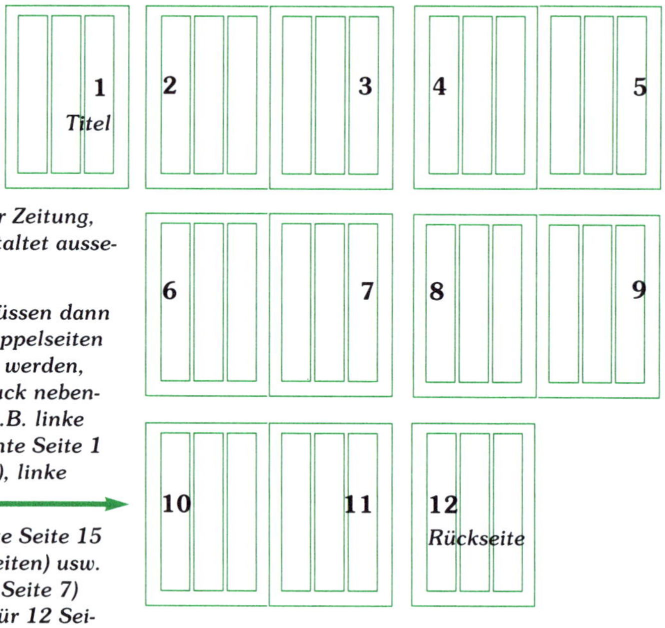


*Seiten-Layout der Zeitung, wie sie fertig gestaltet aussehen soll.*

*Zum Kopieren müssen dann die jeweiligen Doppelseiten zusammengefügt werden, die später im Druck nebeneinanderliegen, z.B. linke Seite 16 und rechte Seite 1 (als Vorderseiten), linke Seite 2 und rechte Seite 15 (als deren Rückseiten) usw. (vgl. Schema auf Seite 7) Der Kopierplan für 12 Seiten: linke Seite 12 und rechte Seite 1, linke Seite 2 und rechte Seite 11 usw.*

*Das Seitenaufmaß wird auf einen Musterbogen aufgezeichnet und anschließend kopiert*

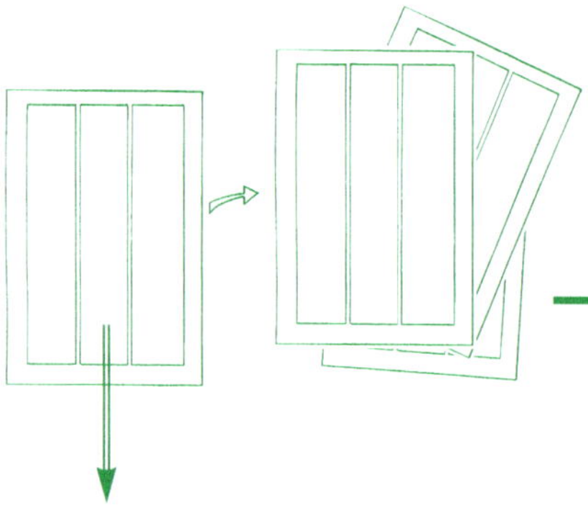

*Beispiel: Aufteilung der Seite bei 3-spaltiger Textanordnung*

< 2,5 cm > | < 5,2 cm > | 0,5 cm | < 5,2 cm > | 0,5 cm | < 5,2 cm > | < 2

*Beispiel: Aufteilung der Seite bei 2-spaltiger Textanordnung*

< 2,5 cm > | < 8,2 cm > | 0,6 cm | < 8,2 cm > | < 2

## Zeilenraster für eine Seite DIN-A 4

**(dreispaltig und zweispaltig)**

# Die Texte

## Erst rechnen, dann schreiben

Da liegen jetzt also die Seiten, auf denen säuberlich eingezeichnet wurde, wo in der fertigen Zeitung ein Text, ein Kastentext, ein Foto oder eine Zeichnung stehen soll. Kümmern wir uns erst einmal um die Texte. Jetzt müssen sie nur noch geschrieben oder kopiert und dann eingepaßt werden.

Mit den Vorlagen hier im Buch haben Sie es ja ganz besonders leicht. Wo steht der nächste Kopierer? Eine Schere haben Sie auch zur Hand?

Dann kann ja nicht mehr viel passieren. Fertigen Sie Ihren „Seitenspiegel" einfach entsprechend den Vorlagen in diesem Buch an. Dann können Sie entweder komplette Vorlagenseiten in Ihre Zeitung übernehmen, Teile aus den Vorlagen (aber nur bei gleichem Seitenspiegel) in Ihre Seiten einbauen oder eigene Teile in unsere Vorlagen hineinkleben.

Die Schritte noch einmal im Einzelnen:

– Zuerst schauen Sie sich die Vorlagen an und entscheiden, welche Sie in Ihrer Zeitung verwenden wollen.

– Kopieren Sie die betreffenden „Artikel" oder messen Sie sie aus, und markieren Sie exakt, wo jeder einzelne auf Ihrer Seite stehen soll. Natürlich können Sie ihn auch sofort sauber ausschneiden und einkleben.

– Wenn Sie alle Vorlagen, die Sie verwenden wollen, auf diese Art untergebracht haben, sind noch diejenigen „weißen Stellen" auf Ihrer Zeitungsseite frei, auf denen später Ihre eigenen Texte, Fotos und Illustrationen stehen sollen.

Bereits bei der Planung Ihrer Seiten sollten Sie ein paar Dinge beachten: Stellen Sie möglichst nicht zwei Artikel nebeneinander. Besonders häßlich sieht es aus, wenn diese Artikel dann auch noch verschieden große Überschriften haben. Besser ist es, einen Artikel mit einem Bild oder einer Illustration zu garnieren.

Man kann auch zwei Artikel durch einen Kastentext trennen oder die zweite Überschrift in einen Kasten packen. Aber Vorsicht: Zu viele Kästen auf einer Seite sind auch häßlich. Apropos Kästen. Die Zeitungsprofis verwenden spezielle Klebebänder oder produzieren den Kasten gleich im Computer. Sie können ein ähnliches Ergebnis erzielen, wenn Sie Ihren Kasten mit einem dünnen Tuschestift und dem Lineal ziehen. Zur Not tut es aber auch ein Kugelschreiber (schwarz). Achten Sie auf saubere Ansätze und die Ecken!

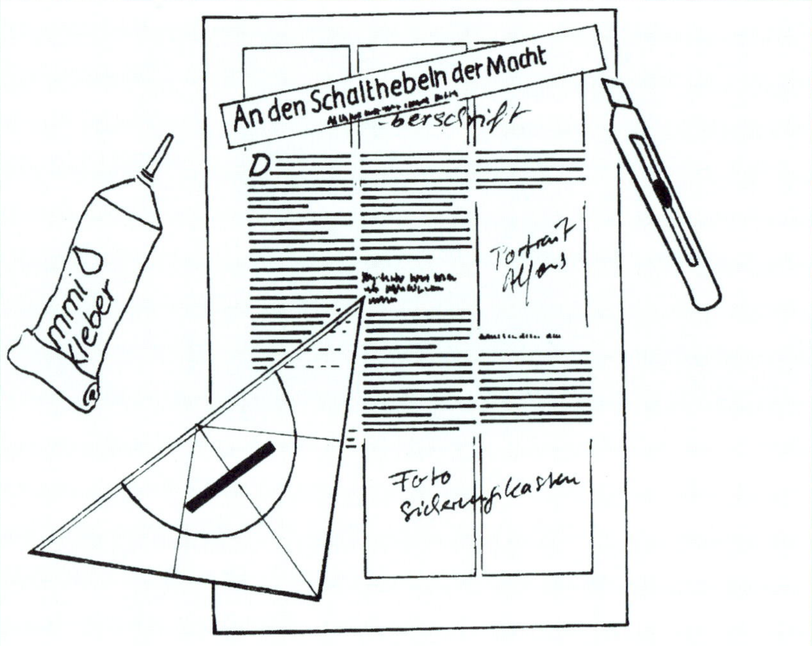


### Die Schriftgröße ist wichtig

Jetzt geht es an die eigenen Texte. Bevor Sie sich da nun über Inhalte den Kopf zerbrechen, stellen Sie mit einem Blick auf Ihre Seite fest, wieviel Platz für den jeweiligen Artikel vorhanden ist. Und nun kommt es natürlich ganz auf die Schriftart und -größe an.

Normalerweise sollte eine gedruckte Schrift nie kleiner als „10 Punkt" sein. Das ist ein Maß aus der Drucktechnik und entspricht einer Buchstabenhöhe von 3,76 Millimeter. Besser lesbar ist allerdings eine Schriftgröße von 12 Punkt – das entspricht ungefähr der Buchstabengröße bei normaler Schreibmaschinenschrift.

Wenn Sie sich entschieden haben, welche Schriftart und welche Schriftgröße Sie verwenden wollen, können Sie an das „Auszählen" des Textes gehen. Und für diese „Auszählen" sind ein wenig Vorarbeit und das kleine Einmaleins nötig.

```
    1 2 3 4 5 6 7 8 9 10 11 12 13 14 15 16 17 18 19 20 21 22 23 24 25
24  Gehen wir davon aus, daß Sie Ihren
20  Text mit der Schreibmaschine oder
24  mit dem Computer auf althergebrachte
22  Weise erstellen. Am besten ist es
25  dann, wenn Sie jetzt erst einmal ein
22  paar Zeilen schreiben, das Blatt aus
24  der Schreibmaschine oder aus dem
23  Drucker nehmen und dann zum Lineal
22  greifen. Markieren Sie auf Ihrem
25  Text die von Ihnen gewählte Spalten
23
```

***Wenn Sie die Zeitung mit Schreibmaschinentext herstellen, müssen Sie auf ganze Wörter und Trennungen achten. Im Beispiel links ist die Schrift verkleinert worden. Hier ergibt sich eine durchschnittliche Buchstabenzahl von 23 Zeichen pro Zeile.***

Gehen wir davon aus, daß Sie Ihren Text mit der Schreibmaschine auf althergebrachte Weise erstellen. Am besten ist es dann, wenn Sie jetzt erst einmal ein paar Zeilen schreiben, das Blatt aus der Schreibmaschine nehmen und dann zum Lineal greifen.

Markieren Sie auf Ihrem Text die von Ihnen gewählte Spaltenbreite, und zählen Sie anhand von etwa zehn Zeilen genau aus, wie viele Buchstaben (Leertasten mitzählen) in diese Spaltenbreite passen.

Aus den zehn Werten errechnen Sie einen Mittelwert. Auf diese Weise wird der unterschiedliche Platzbedarf für Groß- und Kleinbuchstaben, breite (zum Beispiel „M") und schmale (zum Beispiel „l") Lettern egalisiert. Schließlich verrät Ihnen das Ergebnis, wie viele Anschläge durchschnittlich in eine Zeile passen.

Jetzt muß noch ermittelt werden, wie viele Zeilen unser Artikel haben wird. Angenommen, der Artikel wird dreispaltig und hat eine Höhe von 10 cm. Mit dem Lineal ermitteln wir, wie viele Zeilen in einer Spalte von 10 cm Höhe untergebracht werden können. Das Ganze multiplizieren wir mit drei (wir haben ja einen dreispaltigen Artikel geplant), und schon wissen wir, wie viele Zeilen unser Artikel insgesamt lang sein darf.

Achtung! Vor lauter Schaffensfreude vergißt man bei diesen Vorbereitungen ganz schnell den Platz für die Überschrift. Natürlich müssen wir diesen Platz vorher herausrechnen! Beispiel: Beim „Auszählen" der einzelnen Zeilen haben wir errechnet, daß in eine Zeile durchschnittlich 23 Anschläge passen, und auf 10 cm Höhe bringen wir 24 Zeilen unter, dann ergibt sich für unseren Artikel, daß er 76 Zeilen à 23 Anschläge haben darf, um exakt in den uns zur Verfügung stehenden Raum zu passen (ohne Berücksichtigung der Überschrift).

## Ein bißchen Luft sieht immer gut aus

Grundsätzlich sollte man bei dieser Arbeit eher etwas großzügiger sein und nicht auch noch das letzte bißchen freien Raum ausnutzen. Stellt sich nachträglich heraus, daß der Artikel um drei Zeilen zu lang ist, ist man gezwungen, seinen Text zu quetschen. Das sieht unschön und unprofessionell aus.

Nach diesen Vorarbeiten kann der Redakteur endlich mit seiner eigentlichen Arbeit loslegen. Mit Hilfe des Tabulators stellen wir die Schreibmaschine auf exakt 5 cm ein (eher einen Millimeter weniger als einen zuviel) und hämmern in die Tasten. Ein zusätzlicher Tip: Seien Sie nicht zu sparsam mit Absätzen. Absätze gliedern einen Text und machen ihn lesbarer.

Anders als bei den Profis müssen Sie sich eigentlich bei Ihrem Text nicht an das eherne Gesetz halten, wonach die wichtigsten Informationen immer ganz vorne stehen sollen. Bei Ihrer Art von Zeitung dürfen Sie ja sicher sein, daß die geneigten Leser Ihre Texte von der ersten bis zur letzten Zeile verschlingen werden.

Allerdings gibt es noch einen anderen Grund für dieses „Gesetz": Vielleicht sind Sie ja später gezwungen, Ihren Text von hinten zu kürzen, weil er doch nicht ganz genau die errechnete Zeilenzahl hat. Dann ist es wunderbar, wenn der letzte Absatz nur Informationen enthält, auf die man zur Not verzichten kann. Wenn das so ist, wird es Ihnen nicht sonderlich schwer fallen, ihn mit der Schere zu kürzen.

Ganz wichtig, wenn Sie mit einem Textverarbeitungsprogramm am Computer arbeiten: Ändern Sie nie nachträglich die Schrift oder die Schriftgröße. Dann war Ihre ganze Zählarbeit umsonst.

Verschiedene Schriften brauchen nämlich – auch wenn sie nach den undurchschaubaren Gesetzen der Schriftsetzer angeblich dieselbe Schriftgröße haben – nicht denselben Platz. Sie laufen mal breiter, mal schmaler, der Durchschuß (das ist der Abstand zwischen den einzelnen Zeilen) ändert sich. Und so kommt es, daß plötzlich dort, wo vorher 30 Anschläge Platz hatten, nur noch 24 Buchstaben hineinpassen.

< 10 cm >

Wenn Sie mit der Schreibmaschine
arbeiten, erstellen Sie Ihren Text
zwangsläufig im „linksbündigen
Flattersatz", das heißt, daß rechts
in Ihrer Spalte der Text „flattert",
also dort aufhört, wo das Wort,
das gerade noch hineinpaßt, endet.

Linksbündig

Wer mit einem Textverarbeitungs-
programm am Computer arbeitet,
hat normalerweise die Wahl zwi-
schen verschiedenen Möglichkeiten.
Neben dem „linksbündigen Flatter-
satz" gibt es den „rechtsbündigen",
den „zentrierten Satz" und den
„Blocksatz".

Rechtsbündig

```
Gehen wir davon aus, daß Sie Ihren Text mit der Schreibmaschine auf
althergebrachte Weise erstellen. Am besten ist es dann, wenn Sie
jetzt erst einmal ein paar Zeilen schreiben, das Blatt aus der
```

Gehen wir davon aus, daß Sie Ihren Text mit der Schreibmaschine auf althergebrachte Weise erstellen. Am besten ist es dann, wenn Sie jetzt erst einmal ein paar Zeilen schreiben, das Blatt aus der

***Diese drei Schreibmaschinenzeilen mit ca. 66 Anschlägen ergeben 7 Druckzeilen mit ca. 31 Buchstaben in 10 Punkt Helvetica-Schrift (halbe Zeilen als ganze mitzählen!)***

Blocksatz

Zeitungen werden im allgemeinen im „Blocksatz" hergestellt. Wählen Sie also ruhig diese Option am Computer, um ein professionelles Bild zu erreichen. Dazu gehört dann eine „zentrierte" Überschrift.

Zentriert

Übrigens:
Gedichte sehen ebenfalls
ganz toll aus, wenn man sie
zentriert setzt.

Beispiele dafür finden Sie auf den Seiten „Zitate und Sprüche".

## Erst legen, dann kleben

Ist der Text fertig, schneiden Sie ihn aus und halten dann eine lange „Satzfahne" in der Hand. Wenn Sie Glück haben, läßt sich die von Ihnen geschriebene Zeilenzahl genau durch die Spaltenzahl teilen (in unserem Beispiel: 76 Zeilen geteilt durch drei Spalten = 23 Zeilen für jede Spalte). Es kann aber durchaus vorkommen, daß Sie eine ungerade Anzahl geschrieben haben. Dann gibt es zwei Möglichkeiten:

1. Füllen Sie die ersten beiden Spalten komplett. Lassen Sie in der dritten Zeile einfach am Ende ein bißchen Platz, wo Sie dann mit drei Sternchen oder Herzchen oder womit auch immer den Textschluß markieren.

2. Fügen Sie einfach zusätzliche Absätze ein. Suchen Sie sich eine Zeile, die mit einem Punkt endet und schneiden Sie darunter den Text ab. Den verbleibenden Text ziehen Sie weiter herunter. Ein zusätzlicher Absatz ist entstanden. Auf diese Art und Weise kann man auch einen insgesamt etwas zu kurz geratenen Text strecken!

Spätestens jetzt fällt auf, daß Texte und erst recht Fotos nicht sofort bombenfest auf der Seite verklebt werden sollten. Um ein sauberes Ergebnis zu bekommen, ist oft noch eine kleine Korrektur nötig, weil hier eine Überschrift noch einmal verschoben werden muß und dort eine Zeile beim Kleben in die Schieflage geraten ist.

Die Profis kleben deshalb ihre Texte nicht, sondern positionieren sie mit Wachs (dafür gibt es spezielle Maschinen). Die Fahnen mit dem Text können dann beliebig oft wieder abgenommen und neu appliziert werden.

Natürlich haben wir diese Möglichkeit nicht, aber der Papierwarenhandel bietet heute auch schon flüssige Klebestoffe an, die leicht wieder gelöst werden können und ihre Klebefähigkeit behalten. Fragen kostet nichts – und es erleichtert unsere „Umbrucharbeit" kolossal.

## Ein Wort an die Computerprofis

Natürlich kennen Sie sich mit Ihrem Textverarbeitungsprogramm aus. Deshalb (und weil es so viele verschiedene Programme gibt) verzichten wir an dieser Stelle auf weitschweifige Erklärungen und beschränken uns auf den Kasten unten. Sie wissen natürlich, daß Spaltenbreiten, Spaltenzwischenräume, Kastenoptionen für

Überschriften etc. die Arbeit erleichtern. Wer gar in einem Programm arbeitet, bei dem die Darstellung auf dem Bildschirm mit dem Ausdruck identisch ist, wird überhaupt keine Probleme haben, eine „wirkliche" Zeitung zu machen.

**Trotzdem zwei Tips:**

Die Fülle verschiedener Schriftarten verleitet schnell dazu, auch viele verschiedene Schriften, Schriftgrößen und sonstige Spielereien zu nutzen (man hat's ja). Verzichten Sie darauf. Mehr als zwei, allenfalls drei Schriftarten auf einer Seite sehen unschön (und unprofessionell) aus!

Das gilt auch für die Kästen. Ein Textkasten zur Auflockerung macht was her. Alle Texte in Kästen zu setzen (und dann vielleicht auch noch mit verschieden breiten Rahmen) ist widersinnig und häßlich.

***Wenn Sie ihre Texte mit dem Computer erfassen wollen, sollten die Manuskripte aller Beteiligten möglichst auf einseitig beschriebenen DIN-A 4 Seiten geliefert werden. Alle Texte sollten ca. 60 Anschläge pro Zeile haben, damit sich eine einheitliche Durchschnittsmenge pro Zeile ergibt. Jede Seite sollte max. 30 Zeilen aufweisen. Am Computer muß dann eine Gegenprobe gemacht werden: Geben Sie eine Manuskriptseite ein (oder eine halbe, eine viertel), und formatieren Sie den Text in der gewünschten Schriftart, -größe und dem Zeilenabstand. Rufen Sie die Statistik auf (in WinWord 6.0 z.B. unter Menue „Extras": „Wörter zählen"). Dort können Sie die Zahl der Zeilen ablesen. Sie wissen nun, wie viele Druckzeilen eine Standard-Manuskriptseite ergibt (oder eine halbe, eine viertel), und können dementsprechend Vorgaben für noch zu schreibende Texte machen. Bereits fertige Manuskripte können schon vor der Erfassung gekürzt werden.***

# Die Bilder

Ein Bild sagt mehr als 1000 Worte! Vielleicht übertreibt dieser Satz – aber nur ein ganz klein wenig. Denn tatsächlich kann ein gutes Foto eine Geschichte erzählen, obendrein lockern Illustrationen jede Zeitungsseite auf.

## Die Bildauswahl

Gerade bei der Auswahl der Bilder für unsere „Privatzeitung" sollten wir sehr sorgfältig vorgehen: Das Beste ist gerade gut genug. Mit Illustrationen sind übrigens nicht nur Schnappschüsse und andere Fotos aus dem Familienalbum gemeint.

Vielleicht haben wir in unserem Bekanntenkreis ja einen begnadeten Zeichner oder Karikaturisten. Der wird selbstverständlich sofort zur Mitarbeit zwangsverpflichtet. Und warum sollten wir uns eigentlich nicht einmal an eine Fotomontage heranwagen?

Also der Reihe nach: Um die Texte haben wir uns gekümmert, zumindest wissen wir in etwa, an welcher Stelle später bei der fertigen Zeitung unsere einzelnen Artikel stehen sollen. Aber auch um die Beschaffung und die Bearbeitung von Fotos und Illustrationen kann man sich gar nicht früh genug kümmern.

Vielleicht muß das eine oder andere Foto ja erst noch „geschossen" werden, Alben müssen durchgesehen werden, im Familien- und Freundeskreis muß nach „verschollenen" Schnappschüssen gefahndet werden. Das kostet Zeit und Geduld – und auch ein paar Mark für zusätzliche Abzüge vom Negativ oder Vergrößerungen.

Zuerst einmal sollten wir uns darüber klar werden, welche Bilder wir in unserer Zeitung verwenden wollen. Geeignet sind

– Fotos in hervorragender Qualität (vorhandene oder speziell für diese Ereignis geknipste)

– Illustrationen (Karikaturen sind besonders witzig)

– Fotomontagen (mit Geduld, Schere, Kleber schaffen das auch Laien!)

– Fotocollagen, also zusammengebastelte Bilder aus verschiedenen Fotos (grundsätzlich gilt: jede Idee läßt sich umsetzen)

Wie bei den Texten, wissen wir nach einem Blick auf unsere Seiten, wieviel Platz wir für die Bilder zur Verfügung haben. Da wir (zumindest in unseren Vorlagen) von dreispaltigen Seiten ausgehen, ergibt sich, daß auch alle Bilder entweder ein-, zwei- oder dreispaltig sein werden.

In diesem Buch finden Sie lustige und stimmungsvolle Illustrationen. Kopieren, möglicherweise vergrößern oder verkleinern, ausschneiden, einkleben – fertig!

Jetzt haben Sie also alle Fotos beisammen, die Sie in der Zeitung unterbringen wollen. Aber so ganz zufrieden sind Sie mit Ihrer Auswahl nicht. Auf dem schönen Schnappschuß können zu viele andere Einzelheiten vom eigentlichen Motiv ablenken. Wenn das turtelnde Pärchen zu

sehen sein soll, will man im Hintergrund nicht die halbe Stadt durchs Bild laufen sehen. Wenn man sich auf ein Porträt festgelegt hat, kann man keine Gruppenaufnahme gebrauchen. Oder doch?

Kein Problem! Sie haben ja irgendwo einen Kopierer zur Verfügung. Und der erlaubt es ja, die Vorlagen zu vergrößern. Also legen Sie das Bild auf die Glasplatte, stellen die gewünschte Vergrößerung ein und vergrößern so lange, bis Sie genau den

*Vergrößerung*

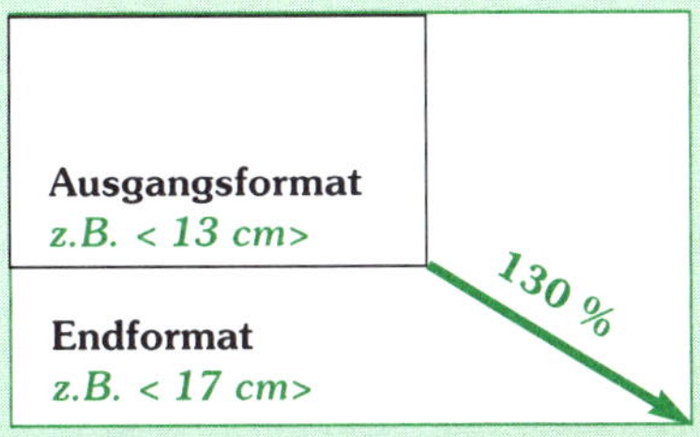


*Verkleinerung*

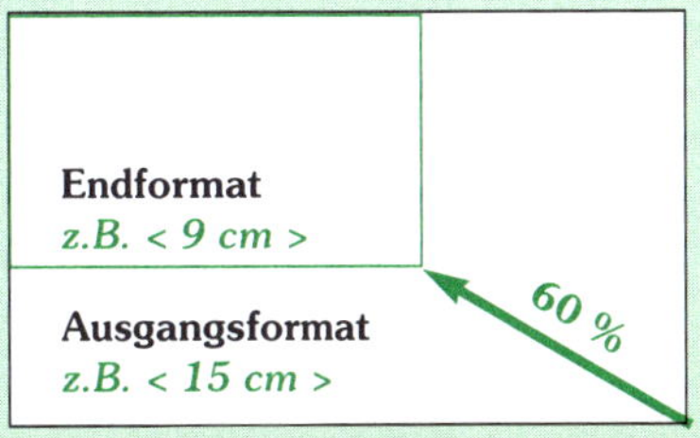


***Um den Vergrößerungs- oder Verkleinerungsfaktor für die Kopierereinstellung zu erhalten, geht man wie folgt vor: Man mißt eine Seite des Bildes – oder eine beliebige Strecke auf dem Bild, z.B. die Höhe einer Person. Das ist das Ausgangsformat. Nun bestimmt man, wie groß die Bildseite oder die Person werden soll, das ist das Endformat. Die Berechnungsformel lautet nun:***

**Endformat : Ausgangsformat = Veränderungsfaktor**

***Beispiel: Ein 13 cm breites Bild soll 17 cm breit werden. 17 : 13 = 1,30 Geben Sie auf dem Kopierer als Vergrößerungsfaktor 1.30 oder 130 % ein. Bei Verkleinerungen wird ebenso gerechnet. Beispiel: Ein 15 cm breites Bild soll auf 9 cm verkleinert werden. 9 : 15 = 0,60. Der Verkleinerungsfaktor ist 0.60 oder 60%.***

Bildausschnitt erreicht haben, den Sie später drucken wollen. Ausschneiden, einkleben, fertig!

Bei dieser Methode benutzen Sie die Kopien, egal ob im Verhältnis 1:1 oder in der vergrößerten Form, direkt als Druck- bzw. Vergrößerungsvorlage für Ihre Zeitung.

**Keine Zugeständnisse bei der Qualität**

In relativ vielen Fällen allerdings werden die Kopier-Ergebnisse nur sehr unbefriedigend sein. Die Kontraste verschwinden, und auf Ihrem „Zeitungsbild" sehen Sie nur noch reines Weiß bzw.: schwärzestes Schwarz. Deshalb ist bei der Kontrasteinstellung beim Kopiervorgang allerhand Fingerspitzengefühl nötig.

Doch es gibt eine sichere Möglichkeit, für gute Fotoqualität zu sorgen. Allerdings kostet sie Zeit und etwas Geld. Dafür müssen Sie zunächst mit dem Kopierer ermitteln, wie groß Ihre Vorlage sein soll. Notieren Sie auf der Rückseite des Originalbildes mit Bleistift, um wieviel Prozent Sie das Original vergrößert oder verkleinert haben (fast alle Laser-Kopierer zeigen diese Werte im Display an).

Dann marschieren Sie mit den Fotos zu einem Schnelldrucker, in ein Fotosatz-Studio oder zu einer Druckerei. Dort bitten Sie darum, daß man Ihre Fotos „aufrastert", also sogenannte „Repros" erstellt. Das bedeutet, daß jedes Ihrer Fotos in mehr oder weniger dicht beieinanderstehende, Bruchteile von Millimetern große Bildpunkte zerlegt wird, die dann zusammen wieder ein Papierbild ergeben. Solche Bilder kann man problemlos drucken oder kopieren. Die Kontraste bleiben weitgehend erhalten.

Bei den Fotos, die Sie vergrößern oder verkleinern wollen, geben Sie an, um wieviel Prozent (siehe Kasten Seite 13) Ihr Rasterbild verändert werden soll. Diese optimale Methode der Bildwiedergabe eignet sich allerdings für Sie nur, wenn Sie nicht gleich Dutzende von Fotos in Ihrer Zeitung unterbringen wollen. Für ein „Repro" nämlich müssen Sie mindestens 25 Mark bezahlen!

**Illustrationen sind der Stern in der Nudelsuppe**

Sie finden Illustrationen für fast alle Zwecke zwar auf unseren Vorlagenseiten. Aber natürlich kann man solche grafischen Elemente auch selber herstellen. Sie kennen ein Zeichentalent, sind womöglich selber eines? Um so besser. Bilder drucken kann schließlich jeder, aber eine lustige Zeichnung beispielsweise vom Hochzeitspaar, das à la Münchhausen auf einer Kanonenkugel in den siebten Himmel fliegt, das wäre doch etwas. Und wenn dann die beiden auch tatsächlich erkennbar die Gesichtszüge des echten Hochzeitspaares tragen, ist die kleine Sensation perfekt.

Der Jubilar auf einem sanften Ruhekissen aus Hundertmarkscheinen; der gezeichnete Familienstammbaum, auf dem jedes Blatt des Baumes das Gesicht eines Familienangehörigen ist; der Klassenlehrer der Abi-Klasse als oller Römer, angetan mit einer Toga vor der versammelten Klasse; das Geburtstagskind mit Schampusflasche und dicker Zigarre auf dem Bärenfell? Ihnen werden hundert Motive einfallen, die man als Foto niemals realisieren könnte, die aber ein begabter Zeichner spielend aufs Papier bringt. Übrigens gilt hier, daß frisch gewagt schon halb gewonnen ist. Hauptsache ist, der Betrachter erkennt, worum es auf der Zeichnung geht. Wichtig ist nur, daß die Bildidee „rüberkommt", der Witz verstanden wird.

Auch bei der Umsetzung als Druckvorlage haben Sie mit Illustrationen und Karikaturen kaum Probleme. Sie haben ja den Kopierer. Natürlich muß der Zeichner den Onkel Hugo auf dem Bärenfell nicht genau in der Größe zu Papier bringen, wie er später gedruckt werden soll. Er zeichnet sein Bild ganz normal vielleicht auf einem DIN A4-Blatt und Sie verkleinern die Vorlage, bis sie in den dafür auf der Zeitungsseite vorgesehenen Raum paßt.

Dieses „Verkleinern" bietet sich auch noch aus einem anderen Grund an: Beim Verkleinern einer Vorlage verschwinden nämlich alle kleinen Sünden wie unsaubere Ansätze, verschieden breite Striche etc. Die verkleinerte Kopie sieht dann nachher oft besser aus als das große Original.

Aber mit dem Verwenden unserer Vorlagen und dem Erstellen eigener Illustrationen sind Sie noch lange nicht am Ende Ihrer Möglichkeiten. Hier wie anderswo gilt der alte Spruch: Besser gut „geklaut" als schlecht neu erfunden.

Wenn Sie die Tageszeitung, eine Illustrierte, ein Comikheft durchblättern, stolpern Sie garantiert über das eine oder andere Bild, das haargenau in Ihre Zeitung paßt: kopieren, verkleinern/vergrößern, einkleben – fertig!

Aber – und dies ist ein ganz großes „ABER" – Sie müssen sich darüber im klaren sein, daß Sie sich mit diesem Tun zumindest in einer rechtlichen Grauzone bewegen. Denn in Deutschland (und in fast allen anderen Ländern) gibt es das „Copyright". Das bedeutet, daß irgend jemand das geistige Eigentum an dem Bild, der Karikatur oder der Zeichnung besitzt, die Sie da eben „geklaut" haben. „Aber es ist doch nur privat!" sagen Sie? Der Gesetzgeber sieht das bei strenger Auslegung anders. Zumindest erreichen Sie mit Ihrer „Zeitung" eine Teilöffentlichkeit und... Wie gesagt: Vorsicht, Grauzone!

Das eben Gesagte gilt auch für eine andere schöne Möglichkeit, um Ihre Zeitung noch interessanter zu gestalten: die Fotomontage. Nehmen wir an, Sie haben in der Zeitung ein wunderschönes Bild gefunden, auf dem der Bundeskanzler (oder der amerikanische Präsident, der Papst, eine „Unterweltgröße") einer anderen Person die Hand schüttelt. Mit Geduld, Schere und Klebstoff lassen sich aus solchen Vorlagen tolle eigene „Gratulationsbilder" herstellen.

Vielleicht haben Sie ja zufällig auch ein Foto, auf dem Ihr „Opfer" jemandem die Hand schüttelt? Schneiden Sie aus einem Foto passender Größe (oder einer Kopie davon) das Geburtstagskind, den Jubilar, den Klassenlehrer oder den Eheaspiranten fein säuberlich aus, und plazieren Sie diesen Scherenschnitt mit Fingerspitzengefühl auf dem vorhandenen Zeitungsfoto (natürlich geht es auch umgekehrt). Möglicherweise müssen Sie nur den Kopf austauschen, vielleicht auch den des Kanzlers oder den des Präsidenten!

Natürlich wird bei dieser Methode jedermann sofort erkennen, daß es sich um eine Fotomontage handelt, aber das ist in diesem Fall nicht tragisch. Sie werden auf jeden Fall die Lacher auf Ihrer Seite haben. Noch die passende Bildunterschrift („Bundeskanzler gratuliert Bräutigam zu seinem Mut"), und fertig ist eine Bombenüberraschung für Ihre Leser. Aber – wie gesagt – auch hier ist Vorsicht geboten, weil möglicherweise das geistige Eigentum Dritter (am Foto) verletzt wird.

Die vierte Möglichkeit für die Bebilderung Ihrer Zeitungsseiten ist die Fotocollage. Darunter versteht man so ziemlich jede Art, in der Fotos untereinander, fremde mit eigene Fotos oder Fotos mit Zeichnungen kombiniert werden können.

Eine tolle – aber sehr arbeitsintensive – Möglichkeit bietet die Collage bei der „Familienzeitung". Nehmen Sie beispielsweise das Foto oder eine Zeichnung einer großen, starken, prächtigen deutschen Eiche mit weit ausladender Krone. Diesen Baum erklären Sie zum Stammbaum der Familie.

Nach stunden- oder tagelangem Suchen gelingt es Ihnen vielleicht, Bilder aller noch lebenden oder auch schon verstorbenen Familienmitglieder zusammenzutragen. Mit Hilfe der Vergrößerungs/Verkleinerungs-Funktion am Kopierer bringen Sie dann alle „Köpfe" auf etwa die gleiche Größe. Jetzt geht es ans Ausschneiden und Aufkleben. Natürlich werden Sie dabei versuchen, alle verschiedenen Familienzweige in etwa zusammenzubringen. Sie werden auch merken, daß es manchmal gar nicht so einfach ist, die Verwandtschaftsverhältnisse bildhaft darzustellen. Aber gerade diese aufwendige Arbeit lohnt sich – wundern Sie sich daher nicht, wenn Ihr Familienstammbaum später schön gerahmt im Wohnzimmer manches lieben Verwandten hängt.

Die Collage bietet auch noch ganz andere Möglichkeiten: So könnte sich zum Beispiel der Kopf einer „bösen" Schwiegermutter plötzlich auf dem Hals eines gezeichneten Drachen wiederfinden. Oder – weil die „bösen" Schwiegermütter längst ausgestorben sind – wir setzen den Kopf der „lieben" Schwiegermutter vielleicht auf den Körper eines Engelchens?

Auf jeden Fall gilt für die Fotocollagen, daß mit etwas Phantasie, mit Schere, Kopierer und Kleber so ziemlich jede Bildidee zu verwirklichen ist.

Bei einer „Hochzeitszeitung“ gibt es zwei Möglichkeiten. Entweder soll sie eine Überraschung für das Hochzeitspaar (und natürlich für die Gäste) werden, ein ganz besonderes Geschenk, das es so nirgendwo zu kaufen gibt; oder es wird eine Zeitung, die unter Mitarbeit des Hochzeitspaares für alle Gäste zur bleibenden Erinnerung hergestellt werden soll.

Im ersten Fall müssen die „Macher“ dieser Hochzeitszeitung unbedingt einen direkten Draht zum Hochzeitspaar haben.

*Hochzeits-zeitung*

# Die Hochzeits-zeitung

Es soll ja eine Überraschung werden, und da darf natürlich niemand durch auffällige Recherchen, also durch zu auffällige Fragen Verdacht erregen. Nur nahe Verwandte und gute Freunde werden in der Lage sein, eine solche Fülle „intimer“ Details unauffällig zusammenzutragen, wie sie für die Redaktion einer solchen Zeitung nötig sind.

Soll die Zeitung unter Mitarbeit des Hochzeitspaares entstehen und zur Erinnerung an diesen Tag an die Gäste verteilt werden, sollte ihr Inhalt sich nicht nur um das Brautpaar drehen. Sie sollte etwas mehr aussagen über die Zeit und die äußeren Umstände der Eheschließung. Wenn jemand nach zwanzig oder dreißig Jahren diese Zeitung noch einmal in die Hand nimmt, soll er sich ja auch daran erinnern, wie es damals in „grauer Vorzeit“ so war.

Also könnte in einer solchen Zeitung etwas mehr auf das Zeitgeschehen und die Lebensumstände des Brautpaares, der Verwandtschaft und der Freunde eingegangen werden. Nicht ganz fair, aber clever: Wer es geschickt anstellt (und genügend Zeit hat), redet dem Brautpaar eine Hochzeitszeitung für die Gäste ein – und erfährt so nebenbei alles, was er wissen muß. Vor allem die Namen weiterer „Informanten“. Gemeinsam mit dem Brautpaar baut er dann die „offizielle“ Zeitung – und heimlich entsteht eine zweite, von deren Existenz auch das Brautpaar erst auf der Feier erfährt.

**HOCH ZEITUNG**

**Was gehört in eine Hochzeitszeitung?**

Eigentlich kann alles hineingepackt werden, was irgendwie mit dem Brautpaar oder mit den Themen Ehe und Liebe zu tun hat:

Die Familienverhältnisse, die Geschichte des Kennenlernens, die Verlobung, die derzeitigen Lebensumstände des Paares.

Wie sieht der Alltag der beiden aus? Womit verdienen sie ihren Lebensunterhalt? Wer sind ihre Freun-

# Hochzeitszeitung

de und Freundinnen? Was sind ihre (gemeinsamen) Hobbys?

Glückwünsche, Be- und Anmerkungen von Freunden und Verwandten zu der bisherigen Beziehung, zu den Lebensumständen und zur Zukunft des Paares.

Humoristische Gebrauchsanweisungen für die Ehe, zur Kindererziehung, zur Lösung von Problemen, wie sie irgendwann in jeder Ehe einmal auftauchen.

Angebliche oder echte Gerüchte, Klatsch und Tratsch über die angehenden Eheleute.

Amüsante bis alberne Artikel, Kommentare und Glossen zu allen Themen wie Ehe, Hochzeit, Glück, Liebe, Eifersucht, Kinder, Schwiegereltern, Geld, Zukunft, Hausbau, Großfamilie etc.

Zitate, Reime und Anmerkungen von Prominenten, Dichtern und Philosophen zu diesen Themen.

Und – schließlich gehören auch sie zu einer Zeitung – Anzeigen: Hier kommt es besonders auf Ihre Phantasie an! Ist der Bräutigam begeisterter Motorradfahrer, und das Paar wünscht sich bald Nachwuchs? Dann könnte die Anzeige vielleicht lauten: „Tausche BMW gegen Buggy".

Außerdem macht es sich immer gut, eine Seite mit „Partyklatsch" zu füllen – da kommen dann Infos über verschiedene Gäste hinein:

Onkel Otto hat vor Aufregung über die Hochzeit zu erstenmal seit 37 Jahren vergessen, seinen Lottoschein abzugeben…

Tante Frieda hat sich gleich vier Abendkleider gekauft, weil sie sich für keines entscheiden konnte – und wäre wegen mehrerer Umkleide-Aktionen in letzter Minute fast zu spät gekommen…

So lassen sich auf nette Weise kleine Schwächen von Familienmitgliedern auf die Schippe nehmen – und die sind dann noch nicht mal böse (wenn der Text nicht gemein wird), sondern freuen sich über die Erwähnung.

## POSTILLON d'amour

## HOCH-ZEITGEIST

***Zu jeder Zeitung gehört erst einmal ein „Aufmacher". So wie die Texte der nächsten Seiten könnte ein solcher Aufmacher für die Titelseite einer Hochzeitszeitung aussehen.***

***Es ist klar, daß die jeweiligen „Begebenheiten" auf das Hochzeitspaar zugeschnitten werden müssen, aber anhand des vorliegenden Text-Gerüstes, das natürlich nach Belieben ausgeschmückt werden kann, dürfte das keine Schwierigkeiten machen.***
***Die eine oder andere in Erinnerung gebliebene Anekdote an der passenden Stelle eingefügt, zwei Kinderfotos und zwei aktuelle Fotos – und fertig ist der „Aufmacher".***

***Übrigens läßt sich ein solcher Text auch recht einfach so umschreiben, daß er sich als Rede eignet.***

Von Zahnspangen und der ersten Kindergartenliebe

# Aus Kindern werden (Ehe-) Leute

Wer hätte das gedacht? Vielen unter uns sind die beiden noch als zahnspangen-lächelndes, bezopftes Mädchen und als ewig auf irgendwelchen Bäumen oder Gerüsten herumkletternder Lausejunge in Erinnerung.

Und plötzlich stehen die beiden „Kinder“ vor dem Traualtar. Der erste Kindergartentag, der „Ernst des Lebens“, in den man nur mit einer Schultüte gewappnet hinausgestoßen wurde, die erste Sandkastenliebe. Und die Zeit

rannte mit Riesenschritten, kaum konnten die Eltern mithalten. Schon wieder war die Hose zu kurz, plötzlich paßte sie nicht mehr in das süße Kleidchen, ewig mußten neue Schuhe her, weil die alten zu eng wurden.

Dann kam die Zeit, als es den beiden auch zu Hause zu eng wurde. Freunde waren wichtig, die Ausbildung – und die Tanzstunde. Der Erfolg im Beruf, die erste ernsthafte Liebe. Reisen, die Welt angucken, die Nase in den Wind halten. Ganz schnell waren die Kinder flügge. Dann, wir erinnern uns, war's plötzlich ernst.

Die Geschichte werden sie bestimmt eines Tages ihren Kindern erzählen, als sie sich damals getroffen haben, mitten im Trubel der Disco. Als alles plötzlich weg war, die laute Musik, die vielen Leute ringsum. Wie es war, als sie sich nur noch in die Augen geguckt haben bei der Schmusemusik, die sie sonst doch gar nicht leiden konnten.

Und dann, ein paar Monate später, haben sie es ihren Eltern erzählt: Ja, wir bleiben zusammen, wir wollen heiraten. Wieder einmal stellen wir fest, wie sehr die Zeit rennt. War das nicht erst gestern? Der Kindergarten? Die aufgeschürften Knie? Der erste Liebeskummer?

Ja, das war gestern. Und heute wird geheiratet!

*Auch diese Polizeiberichte können durch Namen und tatsächliche Fakten personalisiert werden.*

Der Polizeibericht:

# Mann in der Unterhose unterwegs

**(Datum der Trauung) Heute Morgen gegen 8 Uhr erschien auf der hiesigen Polizeiwache eine junge Dame (hier kann der Name der „Anzeigenerstatterin" eingefügt werden), die ganz in Weiß gekleidet war und merkwürdigerweise einen Blumenstrauß in der Hand hielt. Sie erstattete eine Vermißtenanzeige. Gesucht wird ein junger Mann (Name) in Unterwäsche.**

Wie die Anzeigenerstatterin angab, muß der Gesuchte sich in einem Anfall von katerbedingter Umnachtung aus seiner Wohnung (Anschrift) mit unbekanntem Ziel entfernt haben.

**Von der Bildfläche verschwunden: (Name des Bräutigams und das „schlimmste" Bild, das von ihm aufzutreiben ist...) (Badehose?)**

Ein Verbrechen kann ausgeschlossen werden. Alle Wertgegenstände, eine offen herumliegende Geburtsurkunde, ein Personalausweis und ein sorgfältig gebügelter schwarzer Anzug wurden bei einer Ortsbesichtigung gefunden. Auch zwei goldene Ringe lagen unangetastet auf der Nachtkonsole.

Vorausgegangen war diesem Vorfall ein sogenannter Junggesellenabschied, bei dem der Jüngling sich tränen- und alkoholreich von den Genossen seines unbeschwerten Junggesellenlebens verabschiedet haben soll (Namen der Freunde?).

Erste Zeugenvernehmungen ergaben, daß der Eheaspirant sich gegen vier Uhr in der Frühe von seinen Zechgenossen verabschiedet haben soll. Zeuge B. (Name): „Wir haben den Gesuchten in seine Wohnung begleitet und auf sein Bett gelegt."

Bei der Beschreibung des Hathergangs allerdings verwickelten sich die beiden Zeugen schon in Widersprüche. Unter anderem bleibt unklar, wer denn nun wen die Treppe hinaufgetragen hat. Auch wie und wann die beiden Zeugen die Wohnung des Gesuchten wieder verlassen haben, bleibt im Dunkel. Zeuge A.(Name): „Mir muß da wohl der Film gerissen sein."

Die Anzeigenerstatterin verweist ausdrücklich darauf, daß nur der Gesuchte abgängig ist. Die anderen am nächtlichen Gelage beteiligten Personen seien vollzählig zu einer anstehenden staatlich sanktionierten Feierlichkeit (Hochzeitsanschrift) angetreten.

Den untersuchenden Beamten fiel allerdings auf, daß alle Personen männlichen Geschlechts von auffallend blasser Gesichtsfarbe sind, zum Teil dunkle Ringe unter den Augen haben und sich durch eine schleppende und lallende Sprechweise auszeichnen.

Für Hinweise auf den Verbleib des Gesuchten ist vom Brautvater (Name) eine hohe Belohnung ausgesetzt worden. Die Belohnung wird auch fällig, wenn der Vermißte rechtzeitig (und vollständig bekleidet) kurz vor 11 Uhr beim zuständigen Standesamt (Anschrift) abgeliefert wird. Sachdienliche Hinweise nehmen alle Hochzeitsgäste entgegen!

# Hemmungslos!

**Junges Paar trieb sich im Standesamt herum:** **In den geschlossenen Ehevollzug überstellt**

*Der Triebtäterschaft überführt: (Namen)*

*Archivbild*

**Festgenommen hat sich heute ein junges Paar, das an einem nicht sonderlich geheimgehaltenen Ort ein Gelübde abgelegt hat. Beide haben sich versichert, in Zukunft keine einschlägigen „Schandtaten" mehr zu begehen. Bei den bereits in den Ehevollzug überstellten Personen handelt es sich um zwei bisher einschlägig in Erscheinung getretene Individuen, das eine männlichen, das andere weiblichen Geschlechts.**

In den vergangenen Jahren haben beide sich des wiederholten Straftatbestandes der Herzensbrecherei schuldig gemacht. Im In- und Ausland führten sie in Versuchung, machten schöne Augen, flirteten, was das Zeug hielt, und machten selbst vor eindeutigen Angeboten nicht halt. Liebesschwüre, wollüstige Küsse und Umarmungen mit mehr als einer Person gehörten zum schändlichen Tun dieser nun für immer aus dem Verkehr gezogenen Wiederholungstäter.

Sowohl der verheiratete wie auch der unverheiratete Teil der Bevölkerung ist in Zukunft vor den schurkischen Nachstellungen dieser Gewohnheits-„Triebtäter" sicher. Beide verdonnerten sich jetzt gegenseitig zu lebenslanger liebevoller Ehehaft. Eine vorzeitige Entlassung etwa auf Bewährung wurde ausdrücklich nicht zugelassen.

Bei guter Führung verlängert sich die Haftzeit automatisch bis ans Ende aller Tage. Die Liebe wurde ausdrücklich als strafverschärfend gewertet.

*Wie wäre es mit einer „Society-Story" über die Eheaspiranten? Natürlich müssen die Namen und die Örtlichkeiten eingepaßt werden.*

## *Europas Prominenz zur Traumhochzeit angereist:* Auch Gunter S. und Lady Di geben sich die Ehre

**Wie aus gut unterrichteten Kreisen zu erfahren ist, macht sich heute ganz München auf die Beine, um in Schloß Fuschl einer Traumhochzeit beizuwohnen.**

Dort geben sich heute zwei ganz besondere Angehörige des bayerischen Hochadels das Jawort: (Namen).

*Oben: Wo sie auftaucht, wird die Braut von Gratulanten aus dem einfachen Volk umringt...*

Bundespräsident Roman Herzog, die Honoratioren der Stadt und natürlich alles, was Rang und Namen hat im europäischen Hoch- und Geldadel, sind zum Reisstreuen angetreten.

Die offiziellen Hochzeitsfotos werden von dem Ex-Playboy Gunter S. geschossen. S., ein enger Freund des Bräutigams aus wilden Tagen in St. Moritz: „Das bin ich ihm doch einfach schuldig, wenn ich schon sonst nichts mehr für ihn tun kann!"

Klatschreporter und Pressefotografen haben schon in den letzten Tagen um geeignete Plätze gerangelt. Jeder will das beste Foto und die tollste Story über die Traumhochzeit des Jahrzehnts.

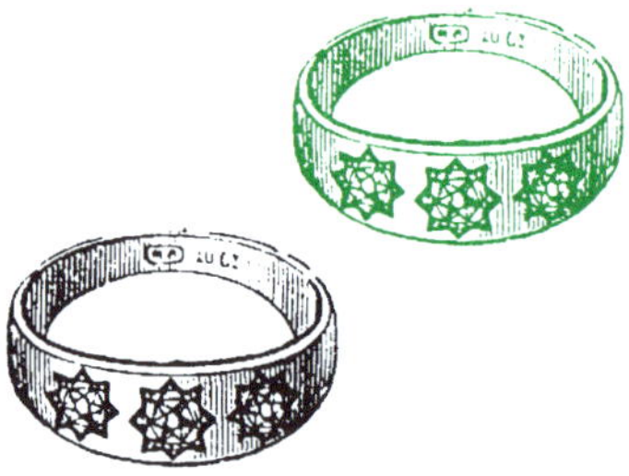

Heute morgen wurde die hübsche Braut bereits in Begleitung ihrer Jugendfreundin Lady Di gesichtet, als beide gemeinsam bei einem Tee auf der Schloßterrasse die Kleiderfrage für den Ball am heutigen Abend besprachen. „Er ist total heiß", wurde von der Braut aufgeschnappt. Seitdem rätseln selbst gut informierte Kenner der Szene: Meinte sie den Tee – oder ihren zukünftigen Mann?

*...während der Bräutigam sich im engsten Freundeskreis (unten) von den noch bevorstehenden Strapazen erholt*

*In ihrer privaten Hochzeitszeitung dürfen Sie also ruhig die Namen der Brautleute, von Freunden und Verwandten mit denen mischen, die wir aus der Regenbogenpresse kennen. Der Phantasie sind hier kaum Grenzen gesetzt.*

*Die folgenden Vorlagen können Sie dagegen unverändert in jede Hochzeitszeitung übernehmen.*

**Wie die Regierung funktioniert:**

# Neue Verfassung vorgelegt!

Nachdem beide Herzkammern ihre Zustimmung zum Ehegesetz erteilt haben, tritt folgendes Gesetz nach der Eheschließung in Kraft:

§ 1.
Jede Ehe besteht aus zwei Hälften. Ohne gesonderte Abstimmung gilt: Die Frau ist die bessere.

§ 2.
Der Mann sorgt für den Staat. Die Frau zieht ihn an.

§ 3.
Die Frau kommt unter die Haube. Der Mann unter den Pantoffel.

§ 4.
Haushaltsdebatten finden grundsätzlich unter Ausschluß der Öffentlichkeit statt.

§ 5.
Die Haushaltsmittel werden ausschließlich von der Frau verteilt. Der Mann hat die Pflicht der Zustimmung.

§ 6.
Eine Opposition findet nicht statt.

§ 7.
Mann und Frau sind gleich berechtigt. In Zweifelsfällen ist die Frau gleichberechtigter.

§ 8.
Die Schlüsselgewalt liegt bei der Frau. Es ist ihrem großzügigen Ermessen überlassen, dem Mann hin und wieder den Hausschlüssel zu überlassen.

§ 9.
Geheimabkommen mit dritten Partnern sind für immer ausgeschlossen.

§ 10.
Verfassungsverletzungen sind unverzüglich durch großzügige Geschenke aus der Welt zu schaffen.

§ 11.
Als verbindliches Staats-Siegel gilt der Kuß.

*Für diejenigen, die von Hochzeitsfeierlichkeiten gar nicht genug bekommen können, hier eine kleine Liste der Gelegenheiten, die noch kommen. Merke: Wer feiern will, der findet auch einen Anlaß! Warum allerdings die einzelnen Hochzeiten die jeweiligen Namen tragen, konnte auch nach umfangreichen Recherchen nicht*

## Wer sagt, daß man nur einmal feiert?

Nach der
**Grünen Hochzeit**
(Trauung)
bitte folgende Termine vormerken:

**Baumwollene Hochzeit**
wird nach 1 Jahr gefeiert.
**Hölzerne Hochzeit**
nach 5 Jahren.
**Zinnerne Hochzeit**
nach 61/4 Jahren.
**Kupferne Hochzeit**
nach 7 Jahren
**Blecherne Hochzeit**
nach 8 Jahren.
**Rosen-Hochzeit**
nach 10 Jahren.
**Nickel-Hochzeit**
nach 12 1/2 Jahren.
**Gläserne Hochzeit**
nach 15 Jahren.
**Porzellan-Hochzeit**
nach 20 Jahren.
**Silberne Hochzeit**
nach 25 Jahren.
**Perlen-Hochzeit**
nach 30 Jahren.
**Leinwand- Hochzeit**
nach 35 Jahren.
**Aluminium-Hochzeit**
nach 37 1/2 Jahren.
**Rubin-Hochzeit**
nach 40 Jahren.
**Goldene Hochzeit**
nach 50 Jahren.
**Diamantene Hochzeit**
nach 60 Jahren.
**Eiserne Hochzeit**
nach 65 Jahren.
**Steinerne Hochzeit**
nach 67 1/2 Jahren.
**Gnaden-Hochzeit**
nach 70 Jahren.
**Kronjuwelen-Hochzeit**
nach 75 Jahren.

**Die Menükarte zur Ehe:**

## Begrüßungscocktail

*aus verflossenen Geliebten, verpaßten Gelegenheiten und süß-sauren Glückwünschen. Dazu werden zum Abgewöhnen gereicht: Junggesellenabschied, Erinnerungen an durchzechte Nächte und was es an vorehelichen „Entgleisungen" sonst noch gibt.*

## Aperitif

*aus Vorfreude, Schwiegermutterlächeln, väterlichen Ermunterungen und himmelblauen Versprechungen.*

## Vorspeise

*aus Smoking, Abendkleid und Frack, garniert mit abgelegtem Konfirmationsanzug und Sommerkleidchen. Terrine aus Zukunftsplanung, Wohlstand und Ehefreuden, dazu werden gereicht: Zweisamkeit und Treueschwüre, gewürzt mit einem Hauch Ewigkeit.*

## Sorbet

*aus leicht unterkühltem Lächeln und falschen Komplimenten von Leuten, die man eigentlich nie treffen wollte.*

## Der Hauptgang

*besteht aus einem Allerlei von Ehealltag, Arbeit, Finanzproblemen, Streit und Versöhnung, Eifersüchteleien, Lichtblicken und Schattenseiten. Das Ganze wird gereicht garniert mit Kinderlächeln, Kindergeschrei und vollen Windeln, Schulproblemen, Mumps, Masern und Keuchhusten.*

## Käseplatte:

*Sie besteht aus junger, reifer und alter Liebe, schmelzendem Begehren, herb-süßen Erinnerungen, naturbelassener Glückseligkeit und einer raffinierten Komposition aus immer junger Liebe und Dauerhaftigkeit.*

## Nachspeise:

*ein hübsch angerichteter gemeinsamer Lebenslauf, wahlweise garniert mit Filzpantoffeln und Schaukelstuhl, Kindern, Enkelkindern, Eigenheim und Rentenanspruch.*

Soeben erschienen:

## Neue Ratgeber-Bücher aus der Reihe: „Wie bleibt meine Ehe glücklich?"

**„Die Kunst, auf Socken unbemerkt bis ins Schlafzimmer zu schleichen!"** Autor: Schmidtchen Schleicher

**„Hilfe, meine Frau schlägt mich!"**
Herausgeber: Das Männerhaus-Kollektiv.

**„Wie komme ich mit der Hälfte aus?"**
Untertitel: Vom Umgang mit knappen Ressourcen. Elvira Blaustrumpf gibt Tips zur Höhe des angemessenen Taschengeldes bei Ehemännern.

**„Mein Recht auf einen eigenen Hausschlüssel"**
Untertitel: Wie kommt ein Ehemann auch in den Genuß der Schlüsselgewalt?

**„Wie setze ich meinen Willen durch?"**
Ein Handbuch für junge Ehefrauen.
Autorin: Ludmilla Xanthippe.

**„Das Kamasutra in seiner Kurzfassung"**
Das Handbuch zur beglückenden Ehe-Gymnastik, bearbeitet von T. Urnvater-Jahn.

**„Das verflixte siebte Jahr"**
Die Abenteuergeschichte von zwei Unverwegten, die es durchgestanden haben.

**„Der siebte Himmel"**
Eine Abenteuergeschichte über Strategien des ehelichen Luftkampfes. Autor: Der Rote Baron.

**„Liebe geht durch den Magen"** Ein handliches Kochbuch mit alten Kannibalen-Rezepten.

Für ganz starke Nerven: **„Als der Horror begann"** Ein Vater berichtet vom Leben mit Drillingen.

## Kleine Gelegenheitsanzeigen:

Suche/Tausche

**Notfall:** Tausche Golf GTI gegen Buggy mit Zwillingsreifen, möglichst tiefergelegt.

**Ghostwriter gesucht!** Wer schreibt mir Standpauken, Gardinen- und Moralpredigten für alle Gelegenheiten. Angebote unter...

**Gegen Gebot soll ich** meistbietend Überbleibsel aus meinem Junggesellendasein abgeben: Mehrere Aktenordner mit Bildern schöner Damen. Chiffre...

**Süßholz,** bereits geraspelt, umständehalber abzugeben. Habe keine Verwendung mehr für dieses Lockmittel!

**Erste Geige abzugeben!** Nach Eheschließung wird diese ausschließlich von meiner Frau gespielt.

Versteigerung:

# Wertvolle Liebesbriefe kamen unter den Hammer!

Kenner alter Handschriften und Sammler schöner Frauenbildnisse kamen in diesen Tagen auf ihre Kosten. Ein stadtbekannter Sammler und Liebhaber trennte sich aus bekannten Gründen von seiner in Jahren angelegten Sammlung. Der Ansturm war so groß, daß um den Versteigerungsort zeitweise der Verkehr zusammenbrach.

Im einzelnen kamen zur Versteigerung: 1999 Liebesbriefe in vier verschiedenen Sprachen und von den unterschiedlichsten Damen. Außerdem mindestens 398 Lichtbilder.

Die kulturgeschichtlich sehr interessanten Schrift-Exponate sind zum Teil ausgeschmückt mit moderner Grafik wie pfeildurchbohrten Herzen, kleinen fliegenden nackten Amor-Gestalten und Originalabdrucken von Lippen in allen Farbnuancen der Lippenstiftindustrie.

Auch die Damenbildnisse – Kenner sprachen von zum Teil ausgesprochen gewagten Kunstwerken – kamen ohne Ausnahme unter den Hammer. Darunter befanden sich Fotos stadtbekannter Schönheiten…

Allerdings wurde schon vor der Versteigerung angekündigt, daß aus datenschutzrechtlichen Gründen die Absender der Briefe und die Gesichter auf den Bildern unkenntlich gemacht wurden.

Wie aus ungewöhnlich gut unterrichteten Kreisen zu erfahren war, hat die letzte in der Reihe der Verehrerinnen diese Auktion zur Auflage gemacht. „Das Zeug muß weg", war ihr Kommentar. Allerdings machte sie ein Zugeständnis: Der Versteigerungserlös durfte für die Finanzierung eines Junggesellenabschieds verwendet werden.

Computer-Revolution:

# Ausreden per Knopfdruck

Auf der CeBit, der Computermesse in Hannover wurde in diesem Jahr ein hochinteressantes neues Software-Programm vorgestellt. Es handelt sich um eine Datenbank, auf der alle bekannten Ausreden für Ehemänner (egal ob gerade erst frisch verheiratet oder schon „altgedient") katalogisiert wurden.

Das Programm enthält eine benutzerfreundliche Bedieneroberfläche, mit der auch ein ungeübter Computerbenutzer nach Eingabe seiner konkreten „Ausrede-Situation" in Sekundenschnelle alle in Frage kommenden Ausreden alphabetisch aufgelistet ausdrucken kann.

Unsere Redaktion hat die Probe aufs Exempel gemacht. Vier Test-Ehemänner gaben anhand eines Stichwort-Abfrage-Verzeichnisses typische Ausrede-Situationen an. Und tatsächlich selbst für so verzwickte Situationen wie „Ich habe bis morgens um drei mit meinen besten Freunden Skat gedroschen" oder „Nach dem siebten Bier habe ich aufgehört zu zählen und darüber dann die Zeit vergessen" wurden noch einigermaßen glaubwürdige Ausreden geliefert. Die „Stiftung Ausredentest" hat das Ausrede-Programm schon mit „Sehr gut" ausgezeichnet.

Allerdings sollte man beim Kauf darauf achten, immer die neueste Update-Version" (also die aktuellste Ausgabe) zu erwerben. Ansonsten läuft Mann Gefahr, daß die Ehefrau mit Computerhilfe die Ausrede überprüft.

Und es stellt sich noch ein Problem: Wer hat schon morgens um drei in der Kneipe einen Computer zur Hand, um die passende Ausrede heraussuchen zu können! Auf der nächsten CeBit soll ein entsprechendes Programm auch für ausredemüde Ehefrauen vorgestellt werden.

# Der Stammbaum

Der Stammbaum

Der Stammbaum

## Von der Steinzeit bis heute

Kennern des Uralt-Adels in unseren Breiten dürfte nicht entgangen sein, daß sich heute zwei Geschlechter vereinen, die bereits jedes für sich auf einen Stammbaum zurückschauen können, der seinesgleichen sucht.

Von den Altvorderen des Bräutigams wird kolportiert, daß sie bereits in der ausgehenden Steinzeit dazu neigten, sich völlig atypisch zu verhalten. Wo andere Zeitgenossen ihre Auserwählte noch nach einem leicht betäubenden Schlag mit der Steinkeule an den Haaren in die Höhle schleiften, soll sein Urahn schon liebevoll seine Neandertalerin auf den Händen über die Höhlenschwelle getragen haben, um sie dann zärtlich auf sein Bärenfell-Lager zu betten.

Dieser Urahn soll es auch gewesen sein, der, als seine Höhlen- und Bärenfell-Genossin sich wegen der nächtlichen Dunkelheit und des zähen, rohen Wildbrets beschwerte, so lange zwei trockne Hölzchen aneinander rieb, bis er das Feuer „erfunden" hatte. Seither ist dieses schon sprichwörtliche „Feuer der Liebe" nie wieder erloschen.

Ritter Kunibert, der den Ehrennamen „der Zartstreichelnde" führte, gehört ebenfalls zu den direkten Ahnherren des Bräutigams. Er brachte seine Burgherrin vom dritten Kreuzzug aus dem Lande der Sarazenen mit in den kalten Norden.

Kunibert gilt als der Erfinder der Daunendecke. Seine Angebetete war die lauen südlichen Nächte gewohnt. Trotz seiner warmen Liebe konnte sie in der Nacht oft vor Kälte nicht einschlafen. Als Kunibert dies bemerkte, opferte er ohne Zögern den Gänsebestand aller ihm zum Lehen gegebenen Dörfer und Weiler, nur um ihr ein riesiges wärmendes Plumeau daraus machen zu lassen.

Und schließlich finden wir in der Ahnenreihe des Bräutigams noch

# Der Stammbaum

Der Stammbaum

„Adalbert den Tüftler". Auch er sorgte liebevoll für ein warmes-Heim für seine ihm angetraute blaublütige – und deshalb besonders kälteempfindliche – Frau.

In den Geschichtsbüchern steht zwar, daß ein gewisser James Watt in der zweiten Hälfte des 18. Jahrhunderts die erste Dampfheizung in seinem Haus eingebaut habe. Doch das ist falsch!

Familienforscher haben herausgefunden, daß es tatsächlich Adalbert war, der bereits drei Jahre zuvor in seinem großbürgerlichen Haus eine Dampfheizung hat installieren lassen. Watt hat diese Idee also beim Vorfahren unseres Bräutigams geklaut. Daher ist es schlicht eine Unverschämtheit, daß Leistung heute in „Watt" gemessen wird. Eigentlich müßte es heißen: Die Glühbirne hat 100 Adalbert!

Auch der Stammbaum der Braut läßt uns vor Ehrfurcht erstarren. Ihre Ahnenreihe (wie die des Bräutigams) reicht wissenschaftlich nachweisbar bis zur ersten Amöbe im Urschlamm zurück. Allerdings hatte diese Amöbe noch nicht die liebreizende Gestalt wie ihre späte Nachfahrin, die heute hier vor uns steht. Doch halten wir uns an die Überlieferungen:

Wir alle kennen die Geschichte von Cäsar und Cleopatra. Aber nur der unermüdlichen Familienforschung ist es zu verdanken, daß wir heute wissen, daß eben diese Cleopatra eine direkte Vorfahrin unserer Braut war. Der Bräutigam darf also erwarten, daß er unter der Führung seiner Ehegattin zumindest kleine Weltreiche errichten wird.

Fast ebenso verhält es sich mit einer gewissen Katharina der Großen, auch sie eine direkte Ahnfrau unserer Braut. Wir wollen allerdings hoffen, daß die Braut nicht allzuviel aus dieser Erbmasse mitbekommen hat. Es gibt da gewisse Gerüchte um diverse Herrenbekanntschaften dieser Dame...

*Kaum ist das Ja-Wort gegeben, ändert sich einiges. Was bisher zu den absoluten Freuden und zu den liebsten Freizeitbeschäftigungen gehörte, ist plötzlich „Mega-out". Um die Orientierung ein bißchen leichter zu machen, hier ein kurzer Ausschnitt aus der In- und Out-Liste:*

*Nach der Heirat:*

# Die ultimative In- und Out-Liste

| ✖ Out | In ✔ |
|---|---|
| ✖ Schlangenlederstiefel und Stöckelschuhe | ✔ Filzpantoffeln |
| ✖ blutige Steaks und Hummerkrabben | ✔ Bratkartoffeln |
| ✖ Sex and Drugs and Rock' n Roll | ✔ ehelichte Pflichten |
| ✖ Cabrio | ✔ Kinderwagen |
| ✖ Designer-Möbel | ✔ Schrankwand |
| ✖ am Motorrad rumschrauben | ✔ im Bastelkeller Spielzeug reparieren |
| ✖ Weltreisen | ✔ Nordsee-Küste |
| ✖ Surfen | ✔ Gummiboot fahren |
| ✖ Hard-Rock hören | ✔ Pampers wechseln |
| ✖ 38-Stunden-Woche | ✔ Überstunden |
| ✖ starke Sprüche | ✔ Mund halten |
| ✖ „Mausi" | ✔ „Trampel" |
| ✖ Barbesuche | ✔ Kindergarten-Suche |
| ✖ Zug durch die Gemeinde | ✔ Kaffeetrinken mit den |
| | ✔ Schwiegereltern |
| ✖ Geld verprassen | ✔ Bausparvertrag |
| ✖ „Playboy" lesen | ✔ „Eltern" lesen |
| ✖ Sex-Kinos | ✔ „RTL" |
| ✖ „Zocken" | ✔ „Mensch-ärgere-Dich-nicht" spielen |
| ✖ Fußballplatz | ✔ „Sportschau" |
| ✖ Reizwäsche | ✔ Kittelschürze |
| ✖ Schmusemusik | ✔ Babygeschrei |
| ✖ He is the boss | ✔ She is the boss |

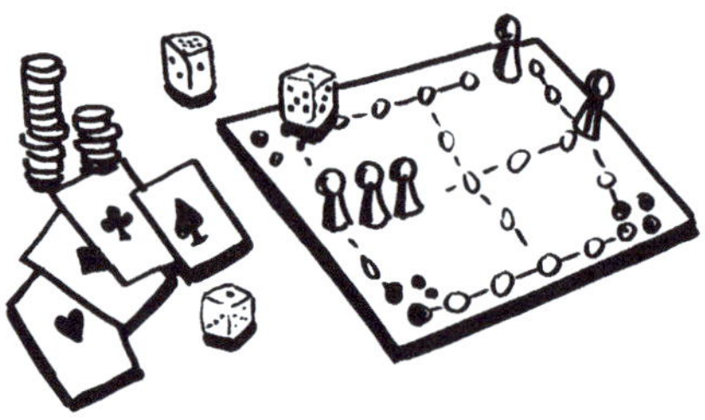

*Hier finden sich Anregungen für die eine oder andere „Story“ In unseren Vorschlägen gibt es immer eine „Dachzeile“, eine „Hauptüberschrift“ und eine „Unterzeile“, Natürlich müssen nicht alle drei Überschriften verwendet werden. Man kann auch zwei oder nur eine auswählen – oder z.B. eine „Dachzeile“ mit der Hauptüberschrift eines anderen Vorschlages kombinieren. Vor allem*

Unglaublich: Bürgerliche heiratet in alten Stadtadel ein

Tausend Schaulustige bei Hochzeit des Jahres

Polizei sperrt die gesamte Innenstadt

**Werden die Trauringe noch rechtzeitig gefunden?**

**Brautpaar: „Zur Not nehmen wir Handschellen“**

Ganze Hochzeitsgesellschaft krabbelt auf dem Boden herum

**Das Geständnis vor der Hochzeit:**

**Ehemann gibt zu: „Ich bin Jungfrau“**

**Ehefrau besteht auf Test in der Hochzeitsnacht**

Die berühmtesten Modeschöpfer entwarfen Brautkleider

*Ganz in Weiß mit einem Blumenstrauß*

Alter Schlager führt ins neue Glück

Abgewiesene Verehrer fragen sich:
**„Warum hat sie uns nicht genommen?“**
Das Geheimnis erfahren Sie in diesem Artikel

**Glück im Spiel, Pech...**

**Ehefrau beim Pokern gewonnen!**

**Bräutigam: Ich hatte drei Asse**

Sex, Suff und Skandale gehören der Vergangenheit an
**Bräutigam gelobt Besserung für die Zukunft**
Die Braut: Sein einziges Laster bin ich

Aschenputtel fand ihren Prinzen

***Bräutigam ratlos: Sie hatte den passenden Schuh!***

Braut fragt: Was mache ich mit den 1000 anderen Schuhen?

Die wahre Geschichte:

**Mein langer Weg von der Disco-Queen zur Ehefrau**

Eine Königin der Nacht packt aus

**Braut dementiert: Nein, er war völlig nüchtern!**

**Seine Freunde stehen vor einem Rätsel**

***„Ich habe schließlich auch im Dschungel überlebt"***

**Das letzte Abenteuer ruft!**

**Überlebenskünstler stellt sich der größten Herausforderung:**

*Wie wichtig das „erste Mal“ für Männer ist*

*Braut verspricht: Ich werde sehr behutsam sein*

*Standesbeamter: Wir erleben immer wieder Ohnmachtsanfälle*

**Fall für die Menschenrechtskommission:**

**Mann in die Sklaverei gezwungen**

**Die Braut zur UNO: Er hat's freiwillig getan**

*Wenn einem die Wahrheit zu hart erscheint, gibt es einen kleinen Trick: Man(n) sagt es durch die Blume. Aber leider sprechen Mann und Frau dabei verschiedene Sprachen. Wichtig für eine gute Ehe ist es dann, diese Botschaften übersetzen zu können. Hier ein paar kleine Hilfestellungen:*

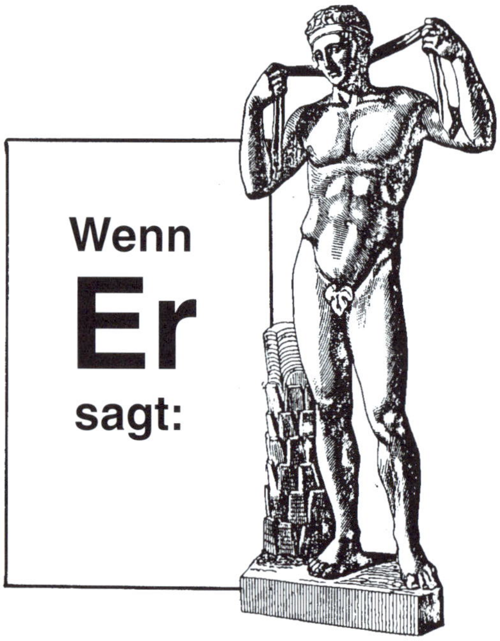

## Wenn er sagt:

- **„Ich habe viel zu tun!“**, dann bedeutet das: „Ich gehe mit den Jungs noch in die Kneipe.“

- **„Ich gehe mit den Jungs noch in die Kneipe!“**, heißt das: „Ich treffe mich mit einer anderen Frau.“

- **„Ich hatte einen harten Tag“**, heißt das: „Laß mich bloß in Ruhe.“

- **„Ich esse Deinen Sauerbraten immer wieder gerne“**, meint das : „Kannst du eigentlich nichts anderes kochen?“

- **„Deine Leggins sind bestimmt sehr bequem“**, heißt das in der Übersetzung: „Kannst du nicht mal was Erotisches tragen?“

- **„Lippenstift stört nur beim Küssen...“**, bedeutet das: „Wie wär's mit ein bißchen Make-up?“

- **„Ich fahre den Wagen auf dem Hinweg, fährst Du zurück?“** bedeutet das: „Ich will mich auf der Feier vollaufen lassen.“

- **„Mit der Frau kann man Pferde stehlen“**, heißt das: „Mit der kann man nicht tanzen gehen.“

- **„Du erinnerst mich an meine Mutter“**, bedeutet das: „Ich hätte gern ein bißchen mehr Sex.“

- **„Du bist ein patenter Kerl“**, heißt das: „Ich bin froh, daß du mir den Alltagskram vom Hals hältst. “

- **„Ja, ja, ich liebe dich“**, geht der Satz weiter: „...und nun laß' mich endlich in Ruhe!

# Wenn sie sagt:

- **„Mußt Du beim Frühstück immer in der Zeitung lesen?“** bedeutet das: „Warum sprichst du nicht mit mir?“

- **„Die Zahnpastatube ist schon wieder offen“**, heißt das: „Deine Schlamperei geht mit auf die Nerven.“

- **„Du bist jetzt doch in den besten Jahren“**, bedeutet das: „Der Lack ist ab!“

- **„Du bist ein gutmütiger Kerl“**, darf das ruhig mit „Schnarchnase“ übersetzt werden.

- **„Ich habe nichts anzuziehen“**, bedeutet das in der Regel nicht, daß der Kleiderschrank leer ist, sondern, daß sie keine Lust hat, mitzugehen. Es kann auch bedeuten, daß der nächste Einkaufsbummel etwas teurer wird.

- **„Ich bin müde“**, heißt das: „Ich habe keine Lust auf Sex.“

- **„Ich habe Kopfschmerzen“**, heißt das : „Ich habe Lust auf Sex – aber nicht mit dir!“

- **„Mußt Du immer vor der ‚Glotze‘ sitzen?“** heißt das: „Nie kümmerst du dich um mich!“

- **„Laß uns früh ins Bett gehen“,** bedeutet das: „Ich will dich verführen.“

- **„Nein“**, heißt das „Ja“
- **„Ja“**, heißt das „Nein“
- **„Nein“**, heißt das „Nein“
- **„Ja“**, heißt das „Ja“
- **„Nein“**, heißt das „Vielleicht“
- **„Ja“**, heißt das „Vielleicht“

# Zitate und Sprüche

Wer einen Engel sucht und nur auf die Flügel schaut, muß sich nicht wundern, wenn er eine Gans erwischt.

Verliebte Männer sind wie Streichhölzer: Sobald die Feuer fangen, verlieren sie den Kopf.

Frauen sind süß wie Zucker, aber auch so raffiniert.

Weil Ehen im Himmel geschlossen werden, ist schon so mancher nach der Hochzeit aus allen Wolken gefallen.

**Besser, der Geist ist schwach und das Fleisch ist willig, als umgekehrt!**

**Es gibt Verlobungen, die gut enden, die meisten führen zur Ehe.**

Heiraten heißt: seine Rechte halbieren, seine Pflichten verdoppeln.

Es gibt sehr viele Gründe für Scheidungen, aber der Hauptgrund ist und bleibt die Hochzeit.
(Jerry Lewis)

Wer ist klüger: Die Männer oder die Frauen? Selbstverständlich die Frauen, denn sie heiraten ja schließlich Männer.

Mit den meisten Frauen gibt ein gutes Auskommen, wenn das Einkommen stimmt!

**Mit Männern ist es wie mit Autos: Laster sind schwer zu bremsen.**

Schlechte Männer gleichen schlechten Zigarren: Sie gehen häufig aus!

Männer sind wie Glühbirnen: Manchmal gehen sie aus, manchmal brennen sie durch.

***Unter Diskussion verstehen Männer die Kunst, den Partner zum Schweigen zu bringen. Frauen verstehen darunter die Kunst, den Partner nicht zum Reden kommen zu lassen.***
***(Fritz Eckhardt)***

Mein Verhältnis zu meiner Frau ähnelt dem zur Sprache: Ich liebe sie, aber ich beherrsche sie nicht.

Für eine gute Ehe gibt es einen sehr einfachen Maßstab: Man ist dann glücklich verheiratet, wenn man lieber heimkommt als fortfährt.

Hat man die Liebe durchgeliebt, fangt man die Freundschaft an.
(Heinrich Heine)

Das Alibi ist wie ein Kredit; wenn man beide nicht braucht, dann hat man sie.
(Peter Ustinov)

Frauen teilen unsere Sorgen, verdoppeln unsere Freuden – und verdreifachen unsere Ausgaben.

Enthaltsamkeit ist das Vergnügen an Sachen, welche wir nicht kriegen.
(Wilhelm Busch)

Ein bißchen Eifersucht schadet nicht, aber zuviel kann alles zerstören.

Ein Küßchen in den Ähren kann niemand verwehren.

Was du heute kannst besorgen, dafür könntest du morgen zu müde sein.

**Frech gesagt ist halb geheiratet.**

Man soll den Tag nicht vor dem Ehekrach loben.

***Lügen haben kurze Beine? Von wegen, ich kenne auch langbeinige Ehemänner!***

Einmal ist keinmal – wenn man sich nicht erwischen läßt.

**Im Krieg und in der Liebe ist alles erlaubt!**

Vielleicht wurde das Küssen nur erfunden, um sich gegenseitig den Mund zu verschließen.

**Allem kann ich widerstehen, nur der Versuchung nicht.**
(Oscar Wilde)

Am schönsten
sind die Frauen
beim Küssen,
weil sie
dabei schweigen
müssen.

Heutzutage gilt ein Mann schon als Gentleman, wenn er die Zigarette aus dem Mund nimmt, bevor er eine Frau küßt.
(Barbara Streisand)

Die Vorliebe der Männer für Vollbärte hängt mit der Emanzipation der Frau zusammen. Denn beim Vollbart kommt auch die emanzipierteste Frau nicht mit.

Wer ein schlechtes Gedächtnis hat, erspart sich viele Gewissensbisse.
(John Osborne)

... ich merke wohl, im Ehestand muß man sich streiten, denn dadurch erfährt man was voneinander.
(Goethe)

Die meisten Menschen machen das Glück zur Bedingung. Aber das Glück findet sich nur ein, wenn man keine Bedingungen stellt.
(Arthur Rubinstein)

**Wenn ein Mann zurückweicht, weicht er zurück. Eine Frau weicht nur zurück, um besser Anlauf nehmen zu können.**
(Zsa Zsa Gabor)

Wer den Himmel auf Erden sucht, hat im Erdkundeunterricht geschlafen.

**Beide schaden sich selbst: der zuviel verspricht und der zuviel erwartet.**
**(Lessing)**

***Die echte Toleranz kommt erst mit den grauen Haaren.***
(Alec Guinness)

Vertrauen ist das Gefühl, einem Menschen sogar dann glauben zu können, wenn man weiß, daß man an seiner Stelle lügen würde.

***Die Liebe hat nicht nur Rechte, sie hat auch immer recht.***
*(Marie von Ebner-Eschenbach)*

**Was aus Liebe getan wird, geschieht immer jenseits von Gut und Böse.**
**(Nietzsche)**

Es wird niemals so viel gelogen, wie vor der Wahl, während des Krieges und nach dem Ja-Wort.

***Die meisten Frauen setzen alles daran, einen Mann zu ändern, und wenn er sich dann geändert hat, mögen sie ihn nicht mehr.***
(Marlene Dietrich)

Fairneß ist die Kunst sich in den Haaren zu liegen, ohne die Frisur zu zerstören.

# Geburtstag und Jubiläum

25 Jahre in der Firma? Vom Lehrjungen zum Abteilungsleiter, zum Prokuristen oder gar zum Geschäftsführer? Vor 40 Jahren den klitzekleinen Handwerksbetrieb vom Vater übernommen und ihn mit viel Mühe und Arbeit zu einem florierenden mittelständischen Unternehmen ausgebaut? Soll anläßlich eines großen Festes das Ruder an die nächste Generation übergeben werden?

Das alles sind Beispiele für Ereignisse, die geradezu nach einer „Festzeitung" verlangen.

Gleiches gilt natürlich auch für private Jubiläen. Vielleicht hat da jemand seit 25 Jahren dem heimischen Gesangverein als Chorleiter gedient oder gar vor 30 Jahren die Handballabteilung des örtlichen Turnvereins aus der Taufe gehoben?

Jetzt steht eine große Jubiläumsfeier an, und alle zermartern sich das Hirn nach einem passenden persönlichen Geschenk. Mit einer ganz persönlichen „Sonderausgabe" ist dieses Geschenk gefunden.

Auch zu einem runden Geburtstag, ob nun 50ster oder 80ster, ist die selbstgemachte Zeitung ideal. Denn gerade bei älteren Herrschaften stellt sich immer wieder das Problem, daß da jemand schon alles hat und auf die Frage nach seinen Wünschen nur noch mit der Schulter zuckt.

Bei einer solchen Zeitung gilt ganz besonders: Die Überraschung ist der halbe Erfolg. Sie muß also von einem kleinen „konspirativen" Kreis unter strengster Geheimhaltung produziert werden. Vielleicht sind es Kinder oder langjährige Mitarbeiter, die sich an die Arbeit machen.

Alte Fotos müssen „ausgegraben", Histörchen und Anekdoten unauffällig hinterfragt werden – und niemand soll etwas merken.

Bei einer solchen Zeitung, die in den meisten Fällen zu Ehren eines älteren Menschen hergestellt wird,

kommt es ganz besonders auf den Ton an. Natürlich darf – ja soll! – auch sie locker und lustig sein, aber bei ihr soll auch aus jeder Zeile ganz besonders Liebe, Zuneigung und – warum eigentlich nicht? – etwas Ehrfurcht vor der Lebensleistung des oder der Beschenkten mitschwingen.

### Welche Themen eignen sich für die Jubiläums- oder Geburtstagszeitung?

Jeder liest gem etwas Nettes über sich selbst. Und weil in erster Linie der Jubilar bzw. das Geburtstagskind angesprochen werden soll, richtet sich danach auch die Themenwahl:

Geschichten über die Familie und den Lebenslauf des Jubilars oder Geburtstagskindes: Woher stammt er oder sie? Ist er oder sie in dieser Stadt aufgewachsen oder aus der „Fremde“ zugezogen?

Die besonderen Höhepunkte des bisherigen Lebens: Ehepartner, Geburt der Kinder, der Enkel. Was hat er oder sie beruflich gemacht, oder was ist die derzeitige Tätigkeit?

Bei einem Arbeitsjubiläum geht es um die berufliche Sphäre, beim Musiker um das künstlerische Engagement, beim Sportler um den Einsatz für seinen Verein.

Glückwünsche und Anmerkungen von besonders engen Freunden und Familienangehörigen, von Vorgesetzten, Kollegen und Mitarbeitem, von Vereinsvorstand und -kameraden, aber auch von Leuten, an die der Jubilar selbst vielleicht kaum denkt, z.B. von dem Mann im Zeitungskiosk, vom Parkwächter auf dem Firmenparkplatz oder von der Serviererin in der Kantine. Anekdoten, Beschreibungen und Erzählungen aus Kindheit und Jugend.

Humoristische „Gebrauchsanweisungen“ für den nächsten Lebensabschnitt, für den Umgang mit dem Ehepartner, den erwachsenen Kindern und Enkeln sowie dem Arbeitsgebiet oder der Sportart, die der Jubilar pflegt.

Lustige Artikel, Kommentare und Glossen zu Ehe, Alter, „Zipperlein“, der Rolle als Großvater/-mutter, zu „Ehrfurcht“ vor dem Alter, zu Genuß und „Laster“, zur „Altersweisheit“, „Erfahrung“ etc.

Angebliche oder tatsächlich kursierende Gerüchte, Klatsch und Tratsch über die betreffende Person.

Zitate und Verse von Großen der Weltgeschichte, von Dichtern und Philosophen zu den betreffenden Themen.

Für eine solche Zeitung lohnt es sich außerdem, mal in echten alten Zeitungen oder Chroniken (Stadtbücherei) nach Ereignissen zu suchen, die sich während des Lebens oder an bestimmten Geburtstagen (es müssen keine runden sein) des Gastgebers zugetragen haben. Aber: Natürlich greifen wir nur auf positive Ereignisse im Kalender der Weltgeschichte zurück.

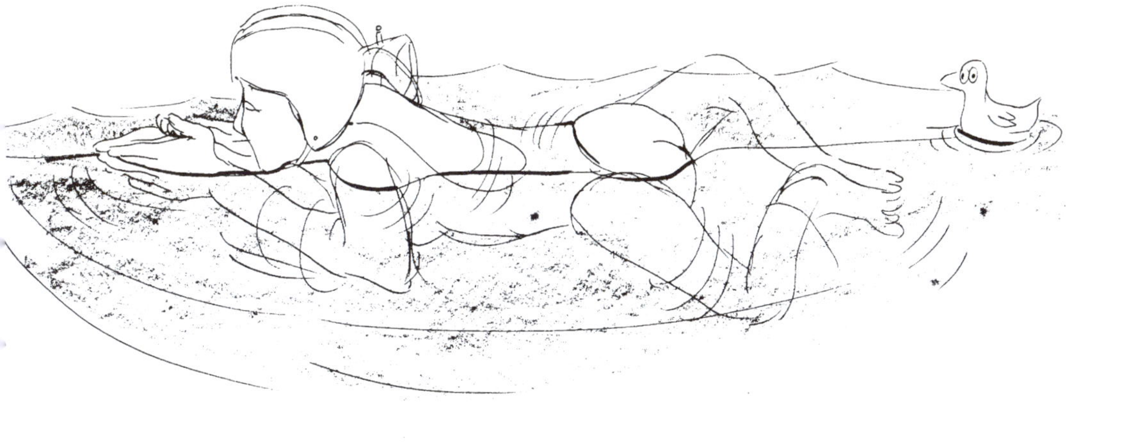

### Zu viele Grußbotschaften:

# Chaos im Telegrafenamt

## Glückwünsche aus aller Welt

**Die von Nachrichtenagenturen rund um den Globus verbreitete Nachricht von der heutigen Feier hat zu einem Chaos im hiesigen Telegrafenamt geführt. Schon am frühen Morgen glühten dort die Drähte.**

Auch der Einsatz zusätzlicher, aus der Freischicht geholter Telegrammboten half nicht, die Flut der übermittelten Glückwünsche auszuliefern. Schließlich gelangt es dem Technischen Hilfswerk, ein Förderband quer durch die Stadt zu legen, auf dem jetzt die Glückwunschadressen säckeweise frei Haus geliefert werden können.

**Von Fanpost und Glückwünschen überschüttet: (Name). Der Jubilar soll nach der Redaktion vorliegenden Informationen bereits Kontakt zu einem Altpapierhändler aufgenommen haben.**

Die Hauptperson, angesprochen auf die zahlreichen Grußbotschaften, winkte auf Anfrage der Redaktion jedoch nur in ihrer bekannt bescheidenen Art ab. „Ja, mit der Post ist auch ein bißchen was gekommen.“

Unserem Reporter gelang es jedoch, einen Blick auf die in mittlerweile zwölf Containern gelagerten Telegramme zu werfen. Exklusiv und nur hier können wir deshalb Auszüge aus der Liste der Gratulanten veröffentlichen, wobei eines auffiel: Bis zum Redaktionsschluß hatte sich kein Spitzenpolitiker gemeldet.

Nach Angaben der Post lag dies daran, daß sich die Empfangsgeräte durch automatischen Überlast-Schutz abgeschaltet hatten. Keiner der Politiker war in der Lage, verständliche Texte in einer für Telegramme akzeptablen Länge zu formulieren. Allein die Fernschreiben aus Bundeskanzler- und Bundespräsidialamt sowie dem Bundestag und den Landesvertretungen wiesen beim Abschalten Längen von 18 bis 27 engbedruckten Seiten auf. Aus Platzgründen beschränken wir uns hier auf die Veröffentlichung der Namen von einigen persönlichen Freunden aus aller Welt.

Aus der ***internationalen Stammtischrunde*** grüßen Jack Daniels, Jim Beam, Ginger Ale, Medley Bourbon, Fernet Branca, Maria Krohn, Gammel Dansk, Sande Mann, Tia Maria, Haake Beck, Kümmer Ling, Captain Morgan, Per Nod, Cola Rum, Wodka Lemon, Jever Pils, Hacker Pschorr, Carlos Primero, Johnny Walker, Whisky Sour, Rhein Wein, Bloody Mary und die Flaschen aus der Haifischbar (333 hochprozentige Namenszüge).

Aus der ***Show- und Musikbranche***, den ***Film- und Fernsehstudios*** sowie den ***Kinoarchiven und den Musikarenen der Welt*** meldeten sich (zum Teil mit jenseitigen Grüßen) Paul Newman, Senta Berger, J. J. Cale, Elton John, Herbert Grönemeyer, Albert Hammond, Onkel Albert, Udo Lindenberg, Udo Jürgens, Bryan Adams, Tina Turner, die Drei von Genesis, die Drei von der Tankstelle, die vier Musketiere, Al Bundy, Humphrey Bogart, Paul Anka, David Bowie, Marius Müller-Westernhagen, Eric Clapton, Johannes Heesters, Columbo, der Kommissar, der schwarze Hund von

Baskerville, Richard Kimble, Paul Simon, Art Garfunkel, Mick Jagger, George Harrison, Kris Kristofferson, Caterina Valente, Cindy und Bert, Ernie und Bert, Peter Maffay, J.R. Ewing, Ernst Mosch und die Original Egerländer, die Regensburger Domspatzen, der Spatz vom Wallraffplatz, der Spatz von Paris, Alfred Hitchcock und die Vögel, Mr. Spock, Otto Waalkes und die komplette Hollywood-Gang (7123 Unterschriften).

***Vordatierte Grüße*** kamen (aus naheliegenden Gründen) u.a. von Georg Friedrich Händel, Johann Sebastian Bach, Janis Joplin, Salvatore Allende, Johann Wolfgang von Goethe, Friedrich Schiller, Franz Kafka, Johannes Brahms, Konrad Adenauer, Napoleon Bonaparte, John F. Kennedy, Elvis Presley, Rosa Luxemburg und den Jungs aus der Frankfurter Nationalversammlung (etwa 1000 Unterschriften).

Von den ***Nachbarn*** meldeten sich (außer denen am Stammsitz) auch die Anlieger der Zweitwohnungen an Reeperbahn, Kurfürstendamm, Kö, Zeil, Schildergasse, Kaufingerstraße, Einbahnstraße, Große Freiheit, Herbertstraße, weiterhin von Fleet Street, Fifth Avenue, Wall Street, Champs Elysées, Oxford Street, Madison Avenue, Broadway, Sunset Boulevard, Drosselgasse und Sackgasse.

Von den ***Sandkastenfreunden*** meldeten sich Winnetou, Robinson Crusoe, Old Shatterhand, Prinz Eisenherz, Tarzan, Batman, Snoopy und Charly Braun, Asterix, Obelix, Donald Duck, Mickey Mouse, Tick, Trick und Track, Fix und Foxi, Lupo, Wyatt Earp, Doc Holliday, Lucky Luke, Lucky Strike, Tim und Struppi, Familie Feuerstein und die komplette Crew aus der Sesamstraße (84 Unterschriften).

Außerdem grüßen mit ***Sonderseiten*** zum heutigen Großereignis die Redaktionen von Bild, Bild am Sonntag, Weltbild, Express, Abendzeitung, Augsburger Allgemeine, Pinneberger Tageblatt, Die Glocke, Hamburger Abendblatt, Morgenpost, St. Pauli Nachrichten, Berliner Zeitung, Berliner Kurier, Tagesspiegel, BZ, Die Harke, Frankfurter Allgemeine, Frankfurter Rundschau, Die Welt, Die Zeit, NRZ, Mainzer Allgemeine, Kölnische Rundschau, Kölnisch Wasser, Westdeutsche Allgemeine, Der Spiegel, Focus, Bunte, Tango, Neue Revue, Wild und Hund, Paris Match, Financal Times, Sunday Times, New York Post, The Guardian, Daily Mirror, Sun, Boston Globe, US News and World Report, Prawda, Happy Weekend, France Soir, Bon Soir, Daily Mail, Weizen Mehl, Aftenposten und aus Übersee Asahi Shimbun sowie mit einer Sondersendung CNN, ARD-Aktuell und ZDF Spezial.

***In letzter Minute*** meldeten sich Pat und Patachon, Dick und Doof, Astoria und Waldorf, Tod und Teufel, Gott und die Welt, Bonnie und Clyde, Caesar und Kleopatra, Romeo und Julia, Adam und Eva, Black & White, Gerade und Ungerade, Kopf und Zahl, Kabale und Liebe, Mutter und Kind, Himmel und Hölle, Mark und Pfennig, heiß und kalt, arm und reich, Krieg und Frieden, Maria und Joseph, David und Goliath, fuck and suck, Samson und Delilah, Philemon und Baucis, Jakob und Adele, Rotkäppchen und der Wolf, Lug und Trug, List und Tücke, Himmelarsch und Zwirn, ex und hopp, Hinz und Kunz.

***- und wer nicht geschrieben hat, wird wahrscheinlich noch auftauchen.***

10 15 25 30 40 50

60 65 70 75 80 85

***Ganz neue Aussichten***

# Jubiläum: Plötzlich wird alles anders

*Wenn man ein Jubiläum feiert, hat man normalerweise ein gewisses Alter erreicht. Plötzlich eröffnen sich Möglichkeiten, auf die man jahrzehntelang gewartet hat. Daß man im „Jubiläumsalter" ist, erkennt man zum Beispiel daran, daß...*

...die Hausbank einem plötzlich fast jeden Kredit einzuräumen bereit ist. Allerdings braucht man deren Geld jetzt nicht mehr.

... die Briefmarkensammlung plötzlich wichtiger ist als ein Zug durch die Kneipen.

... die jungen Mädchen so einen gewissen Schimmer in den Augen haben, wenn sie einen anschauen – weil man sie an ihren geliebten Großvater erinnert!

... die Ehefrau einen ohne lange Diskussionen mit dem Kegelklub nach El Arenal fahren läßt.

... man die Pumps danach kauft, ob man darin auch bequem laufen kann.

...man feststellt, daß in den Stellenanzeigen der Tageszeitung plötzlich nur noch jüngere Leute gesucht werden.

... man sein Herz für deutsches Liedgut entdeckt.

... ein Abend vor dem Fernseher gemütlicher ist als ein Kinobesuch.

...man plötzlich einen guten von einem schlechten Wein unterscheiden kann.

... man einem hübschen Mädchen hinterher guckt, weil es eine gewisse Ähnlichkeit mit der eigenen Enkeltochter hat.

... Eheleute sich nur noch mit „Mutti" und „Papa" anreden.

... man plötzlich Hosenträger viel angenehmer findet als einen Gürtel.

... man das Gefühl hat, die Abstände zwischen den Geburtstagen werden immer kürzer.

... man feststellt, seine eigene Handschrift nicht mehr lesen zu können.

... man mit jungen Leuten spricht und die noch nicht einmal wissen, wer die Beatles sind.

... die gleichaltrigen Frauen im Bekanntenkreis sich oft nicht mehr an ihr Geburtsdatum erinnern können.

... das Haus, das man doch „gerade" erst gebaut hat, schon wieder ein neues Dach braucht.

# Jeder ist, wie er ißt

**Was man bei Tisch so alles erkennt**

Vorsicht! Die Art und Weise, wie wir und unsere lieben Mitmenschen uns über Speisen und Getränke hermachen, verrät viel – manchmal zuviel. Beobachten Sie doch einmal Ihre Tischgenossen – Sie werden bestimmt fast jeden der unten aufgeführten Typen wiedererkennen – bei Damen ebenso wie bei Herren.

## Der Schlinger:

Wer zuerst kommt, kaut zuerst. Er hat immer Angst, im Leben zu kurz zu kommen. Drängelt auch auf Rolltreppen im Kaufhaus vor, damit andere ihm nicht eventuelle Sonderangebote vor der Nase wegschnappen. Wer daneben sitzt, muß verdammt aufpassen, daß dieser Nachbar oder diese Nachbarin ihm nicht alles vor der Nase wegschnappt.

## Der Vornehme:

Sitzt immer kerzengerade da, taut auch nach der zweiten Flasche Wein nicht auf. Nie findet sich ein Ellenbogen auf dem Tisch, nie verrutscht die Serviette. Selbst ein dezentes Lächeln bei Tisch wird als Verstoß gegen die gesellschaftlichen Sitten empfunden. Vorsicht: Als Tischdame oder -herr vergeht Ihnen hier schon nach dem zweiten Bissen jede Partyfreude. Im Alltag fällt er oder sie als Snob auf, läßt sich sogar die Petersilie von Fleurop ins Haus liefern.

## Der Gourmet:

Alles muß vom Feinsten sein. Am liebsten sind ihm Teller, auf denen man nur mit einer Lupe erkennen kann, daß die kleine „Verunreinigung“ in der Mitte den gerade servierten Gang darstellt. Ein Abendessen muß aus mindestens 27 solcher Gänge bestehen. Dafür verbraucht er 98 Teller, 122 Messer, Gabeln, Löffel und sonstige Kleinteile, 6 verschiedene Gläser, drei Kellner und je eine komplette Küchen- und Abspülbrigade. Sowenig, wie sich dieser Mensch um den Flurschaden in der Küche schert, kümmert er sich auch sonst im Leben um die Folgen seines Tuns. Devise: „Nach mir die Sintflut.“

## Der Nörgler:

Versteht von gutem Essen soviel wie ein Suppenhuhn von der Relativitätstheorie, hat an allem und jedem etwas auszusetzen und tut so, als sei sein Zuhause ein Schlemmertempel – obwohl da der Brotkorb unter dem Dachfirst hängt. Entlarvt sich selbst, weil er trotz seiner Nörgeleien Unmengen von Speisen in sich hinein schaufelt. Im Alltag zeichnet sich diese Kreatur dadurch aus, daß überall geschnorrt und abgestaubt wird.

## Der Picker:

Er oder sie ist daran zu erkennen, daß zum Essen nur die Gabel benutzt wird. Hektisch und abgehackt – wie es Hühner zu tun pflegen – wird mal hier und mal da ein kleines Häppchen vom Nachbarteller weggeschnappt. Und so verhält er oder sie sich auch sonst im Leben, frei nach dem Motto: Was dein ist, ist auch mein – aber was mein ist, geht dich noch lange nichts an. Wo solche Typen auftauchen, sollte man auf seinen Partner oder seine Partnerin aufpassen.

## Der Asket:

Wenn das Leben nicht davon abhinge, würde er die Nahrungsaufnahme ganz einstellen. Liebevoll und schmackhaft zubereitete Speisen? Alles Quatsch! Für ihn zählt lediglich, daß er seinem Körper die notwendigen Eiweißstoffe und Kohlehydrate zuführt. Wenn die chemische Industrie so weit ist, wird er auf seinen eigenen Feiern nur noch Pillen und Leitungswasser servieren lassen.

***Was tun, wenn jemand nach Ihren Erfolgen fragt?***

## Große Dinge brauchen immer viel Zeit

Manchmal taucht die Frage auf Jubiläumsfeiern wie aus dem luftleeren Raum auf: Was haben Sie eigentlich an großen Dingen erdacht oder verwirklicht? Da fällt es oft schwer, einfach zu erklären, man habe all die Jahre damit zugebracht, die Fehler anderer auszubügeln und im stillen dafür gesorgt, daß alles lief. Deshalb sollte, wem eine solche Frage gestellt wird, ganz gelassen darauf reagieren. Und einfach darauf hinweisen, daß es für eine solche Frage noch viel zu früh ist. Denn die Menschheitsgeschichte zeigt, daß große Ideen immer lange gebraucht haben, um verwirklicht zu werden. Ein paar Beispiele gefällig? Bitte sehr:

| Erfindung | Entwicklungszeit |
|---|---|
| Fernsehapparat | 64 Jahre |
| Fotoapparat | 55 Jahre |
| Hubschrauber | 37 Jahre |
| Herzschrittmacher | 32 Jahre |
| Antibiotika | 31 Jahre |
| Reißverschluß | 30 Jahre |
| Radioapparat | 30 Jahre |
| Schnellkaffee | 22 Jahre |

*Der abgeschlossene Roman*

## Die Überraschung

*Ein wenig merkwürdig waren ihm ihre plötzlichen Angebote schon vorgekommen. „Ja", hatte sie gehaucht. „Eine tolle Überraschung für Sie", hatte sie geflüstert. „Schließen Sie nur die Augen", hatte sie zuckersüß zu ihm gesagt und ihn dann an die Hand genommen.*

*Klar, er kannte diese Sekretärin schon seit Jahren. Aber diesen intimen Ton hatte sie noch nie angeschlagen: „Sie haben doch schon lange darauf gewartet!"*

*Woher wußte sie von seinen geheimsten Sehnsüchten? Sie führte ihn ins Nebenzimmer. Ihr luftiger Sommerrock streifte seine Beine, so dicht gingen sie nebeneinander. Sollte es jetzt passieren, nach all den Jahren?*

*Jetzt dürfen Sie die Augen öffnen!" Er bebte, öffnete die Augen, da stand sie… Und mit ihr alle Kollegen, die ihm zu seinem Jubiläum gratulieren wollten.*

*Neue Untersuchung von Sprachforschern vorgelegt:*

# Was „Familie“ wirklich bedeutet

***Gelegentliche Treffen auf Geburtstagen, bei Jubiläen oder Hochzeiten – für viele ist das die einzige Brücke zu ihrer Familie. In einer neuen Studie haben die Professoren U.N. Sinn und R. Funden deshalb untersucht, was heute noch mit dem Begriff „Familie“ in Verbindung gebracht wird. Nach der bisherigen Auswertung der umfangreichen Befragung von einer Testperson zeichnet sich folgender Trend ab:***

## Familie ist,...

...wenn alle auf einmal reden, keiner zuhört – und sich doch alle verstehen.

...wenn die Kinder gegen die Eltern rebellieren; Kinder und Großeltern gegen die Eltern; Kinder, Eltern und Großeltern gegen die restliche Sippe – und die ganze Sippe gegen den Rest der Welt antritt.

...da, wo man seine Wunden lecken kann.

...ein Verein, aus dem man nicht austreten kann.

...der Teil der Freunde, die man sich zwar nicht ausgesucht hat, auf den man sich aber trotzdem (meist!) verlassen kann.

...da, wo man auch hingehen kann, ohne sich vorher telefonisch anzumelden.

...da, wo man immer noch 'nen Zehner für's Kino (Mutter) oder einen Hunderter für den Urlaub (Oma) bekommt, wenn das Taschengeld alle ist.

...da, wo die schmutzige Wäsche wieder sauber wird.

...da, wo Geschwister sich zanken und anschließend den verdreschen, der es wagt, sich einzumischen.

...da, wo man auch mal die Füße auf den Tisch legen darf (wenn Mutter wegschaut).

...ein Baum, der immer weiter wächst. Erst die Kinder, dann die Schwiegerkinder, dann die Enkel, dann die Urenkel, dann...

...so ein Haufen, der sich das ganze Jahr auf den gemeinsamen Urlaub freut, um sich dann im Urlaub so richtig zu zanken.

...eine Menge von einzelnen, die ganz plötzlich „wir“ sagen.

...etwas, das entsteht, wenn irgendwo zwei Personen zusammenkommen, die einen gemeinsamen Urahnen haben.

**Vorsicht, sonst wissen andere mehr über Sie als Sie selbst:**

# Die Krawatte verrät alles

***Wußten Sie, daß die Krawatte, die ein Mann trägt (vorausgesetzt, er hat sie sich selbst gekauft), tiefe Einblicke in seinen Charakter zuläßt? Damit Sie nicht ungewollt etwas über sich verraten und demnächst immer sofort wissen, mit wem Sie es zu tun haben, hier die wichtigsten Krawattentypen:***

***Der Quergestreifte:*** Ist meistens rundlich, dabei eher der gemütvolle Typ und nicht selten in einer Führungsposition zu finden. Vorsicht: Der Quergestreifte wird oft unterschätzt – und weiß seinen Nutzen aus diesem Umstand zu ziehen.

***Der Gepunktete:*** Ist extrovertiert, er hat es gern, wenn er im Mittelpunkt steht. Kann gnadenlos sein.

***Der Rote-Tupfen-Typ:*** Rot ist die Liebe? Richtig, doch der Rote-Tupfen-Typ liebt erst einmal sich selbst. Dann kommt erst einmal lange gar nichts, und dann weiß man nicht so genau...

***Der Club-Krawatten-Typ:*** Ihm gehören mindestens eine Firma, ein Porsche, eine Segeljacht und ein dickes Schweizer Bankkonto. Kann eine lohnende Bekanntschaft sein. Doch es gibt ihn auch in der falschen Ausführung: Dieser Typ tut dann nur so, als hätte er mindestens eine Firma, einen Porsche...

***Der Strickbinder-Träger:*** Typ Studienrat. Hat sich Ende der 60er Jahre auf den Weg durch die Hierarchie gemacht. Sein Strickbinder ist das Zugeständnis ans Establishment. Hat bis heute nicht gemerkt, daß er längst dazugehört.

***Der Lederstrick-Träger:*** Das ist Manni, wie er liebt und lebt, wenn er sich am Wochenende schön macht, um mit seinem Manta und seiner „Tussi" auf die Piste zu gehen. Feiert meistens keine Jubiläen, weil er nie so lange in einer Firma bleibt.

***Der Blümchenmuster-Typ:*** Muß nicht unbedingt aus der Flower-Power-Zeit übriggeblieben sein. Auf jeden Fall hat er irgendwann einmal gehört oder gelesen, daß die holde Weiblichkeit auf florale Muster steht, und probiert es seitdem aus. Benutzt aus dem gleichen Grund vorzugsweise zu süße Parfums.

***Der Einfarbige:*** Er weiß, wie's läuft im Geschäftsleben. Dezent gemusterter grauer Dreiteiler, einfarbiger Schlips, hochglanzpolierte schwarze Schnürschuhe – fertig angezogen für jede Gelegenheit. Gnadenloser Geschäftsmann.

***Der Schwarze:*** Hat entweder einen Trauerfall in der Familie oder ist von Beruf Bestatter oder Totengräber. Nicht ansteckend, trotzdem meiden! Hat selten etwas Erfreuliches zu erzählen.

***Der Mickymaus-Typ:*** Er sieht das Leben immer von der sonnigen Seite. Was kostet die Welt? Er bringt Leben selbst in die trockenste Etatbesprechung – und ist auch sonst kein Kind von Traurigkeit.

***Der Nur-Naturseide-Typ:*** Sein Leitspruch lautet: „Für mich ist das Beste gerade gut genug." Er will alles – und alles sofort. Er ist ein Genießer, für Reue hat er keine Zeit.

***Der Fliegentyp:*** Aus der Mode gekommen, man findet ihn allerdings noch in einigen Reservaten wie Hochschulen und Laboratorien. Wirkt oft harmlos vertrottelt. Doch es gibt bei diesem Typ auch ganz Hinterhältige: Man hält ihn für einen Trottel – und steht plötzlich selber als solcher da!

***Der Ist-mir-doch-egal-Typ:*** Krawatte? Ich doch nicht! Trägt vorzugsweise den Hemdkragen offen oder gleich ein Poloshirt. Würde nicht einmal zur Beerdigung der eigenen Mutter einen Schlips umbinden. Auch er wird im Geschäftsleben leicht unterschätzt, dabei gibt es ihn in jeder Gesellschaftsschicht, vom Taxifahrer bis hin zum Großunternehmer.

**Wenn Sie mal wieder unter den Letzten waren:
Zu spät gekommen? Hier finden Sie Hilfe**

# Ausreden, mit denen Sie garantiert Verständnis finden

Es gibt Menschen, die sind einfach vom Pech verfolgt. Und deshalb wird es ihnen nie gelingen, pünktlich zur Stelle zu sein. Sie gehören auch dazu? Dann sind Sie ab sofort Ihre Sorgen mit der Suche nach einer vernünftigen Erklärung los. Probieren Sie einfach unsere Vorschläge aus. Spätestens auf der nächsten Feier:

## Entschuldigung, aber...

**...** unser Meerschweinchen hatte Migräne und wir mußten schnell noch zum Arzt **!**

**...** wir haben in unserem voll computerisierten Haushalt die Türen nicht mehr aufbekommen **!**

**...** der Smoking meines Nachbarn paßte mir nicht mehr, und er wollte einfach keinen neuen kaufen **!**

**...** wir haben so schnell kein Lasttaxi für dein Geschenk bekommen **!**

**...** meine Schwiegermutter wollte unbedingt mit, und wir mußten ihr das erst ausreden **!**

**...** unser Sohn (wahlweise unsere Tochter) wollte uns einfach nicht mit unserem Wagen fahren lassen **!**

**...** wir hatten eine kleine eheliche Auseinandersetzung und mußten deshalb noch schnell beim Arzt vorbei **!**

**...** wir konnten uns nicht einigen, ob wir dir den original Picasso oder einen neuen Ferrari schenken sollen, und mußten dir deshalb als Kompromißlösung ganz schnell noch ein paar Pralinen besorgen **!**

**...** ich mußte Überstunden machen und habe dann den Lippenstift nicht so schnell vom Hemdkragen abbekommen **!**

**...** unser Videogerät ist kaputt, deshalb mußten wir uns den Film erst bis zum Ende ansehen, damit wir hier auch mitreden können **!**

**Was nicht im Duden steht**

# Kleine Wörterkunde für Jubilare und Jubiläen

## Jubel:

Wer nicht gerade Tennis-Crack oder Fußball-Idol ist, muß Jahrzehnte lang arbeiten, um einmal im Leben einen schwachen Abklatsch zu hören.

## Jubelfeier:

Dabei handelt es sich um eine Veranstaltung, bei der in den meisten Fällen derjenige, der sich feiern läßt, kräftig dafür bezahlen muß.

## Jubelgeschrei:

Wird von denen ausgestoßen, die froh darüber sind, einen Vorwand gefunden zu haben, um einen Vorgesetzten oder Funktionär in die Wüste (aufs Altenteil) zu schicken.

## Jubelgreis:

Hat nicht unbedingt etwas mit dem Alter zu tun, gibt es zwischen 30 und 100 Jahren.

## Jubelpaar:

Da gibt es die verschiedensten Varianten: Vom knutschenden Fußballergespann nach einem gelungenen Tor bis hin zu in Ehren ergrauten Eheleuten.

## Jubelruf:

Wird von manchem Jubilar ausgestoßen, wenn mit seiner Jubiläumsfeier auch die Entlassung aus der Tretmühle ansteht.

## Jubilar:

Umschreibung für jemanden, der in Kürze Platz für seinen Nachfolger machen muß.

## Jubiläum:

Gibt es auch in der Mehrzahl. Untrügliches Indiz dafür, daß die Anzahl der noch vor einem liegenden Berufsjahre immer geringer wird.

## Jubiläumsausgabe:

Das ist ein Schreibfehler. Richtig müßte es heißen „Jubiläumsausgaben“. Gemeint sind die Kosten, die bei dem großen Jubiläumsempfang entstehen.

## Jubilieren:

Eine Art Gesang, der von himmlischen Heerscharen dargeboten wird – und von demjenigen, der bald auf den frei gewordenen Posten des Jubilars nachrückt.

*Hier finden sich Anregungen für die eine oder andere „Story“ In unseren Vorschlägen gibt es immer eine „Dachzeile“, eine „Hauptüberschrift“ und eine „Unterzeile“, Natürlich müssen nicht alle drei Überschriften verwendet werden. Man kann auch zwei oder nur eine auswählen – oder z.B. eine „Dachzeile“ mit der Hauptüberschrift eines anderen Vorschlages kombinieren. Vor allem aber kann jede Überschrift auch als kleine Inhaltsangabe und Anregung verstanden werden.*

Die große Freiheit winkt

## Auf und davon

Von einem, der auszog das Leben zu genießen

**Multis, Männer** und Moneten

## Mein Kampf gegen die Konkurrenz

**Eine Erfolgsgeschichte**

**„Die besten Ideen hatte ich immer im Bett“**

## Die Geschichte eines Aufsteigers

**„...aber am Morgen hatte ich sie wieder vergessen“**

Mit Volldampf in ein neues Leben:

## „Jetzt verprasse ich meine Rente“

Die aufregenden Pläne einer Aussteigerin

**Büroklatsch wird heftig dementiert:**

## „Ich habe meiner Sekretärin nie schöne Augen gemacht“

**Seine Sekretärin: „Warum eigentlich nicht?“**

Grausame Erlebnisse auf einem Folterinstrument

## Meine Jahre auf dem Bürostuhl

Von einer, die es überstanden hat

100 Jahre und kein bißchen leise

## Wo wir sind, ist oben

Eine Erfolgsstory

Rosen, Tulpen, Nelken

## Erfolgreicher Nachwuchszüchter feiert

Alle Ableger kommen zur Gratulation

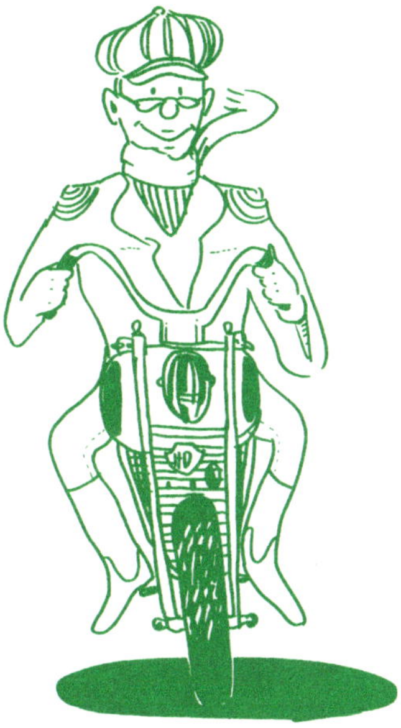

**Mit der Harley aufs Altenteil?**

## *Ich zeig' den Teenies noch, wo's lang geht*

**Die Lebensgeschichte eines Jubilars wider Willen**

Tragisches Geständnis nach dreißig Jahren

## *Ich mochte ihren Kaffee nie!*

Eine Sekretärin erfährt die grausame Wahrheit

**Ein Erfolgstyp packt aus:**

## Ich fing gleich mit der zweiten Million an

**...die erste war mir zu schwierig**

**Wie ich die Firma auf Erfolgskurs gebracht hab**

## „Der Chef hat doch nur zugeguckt"

**Eine heimliche Herrscherin berichtet**

# Zitate und Sprüche

*Man ist jung,
wenn man glaubt,
arbeiten zu müssen;
man ist reif,
wenn man hofft,
arbeiten zu dürfen,
und man ist alt,
wenn man dankbar
dafür ist,
arbeiten zu können*

Schlipse sind an der Garderobe abzugeben, damit sich niemand auf dieselben getreten fühlen kann

Verehrung ist tiefgekühlte Liebe
(Françoise Sagan)

*Die schwierigste Turnübung ist immer noch die, sich selber auf den Arm zu nehmen*

Manch einer verdankt seinen Erfolg den guten Ratschlägen, die er nicht angenommen hat

Erfolg ist nur halb so schön, wenn es niemanden gibt, der einen beneidet
(Norman Mailer)

**Manche Leute drücken nur deshalb ein Auge zu, um besser zielen zu können**

Das Üble an Minderwertigkeitskomplexen ist, daß die falschen Leute sie haben

Wahre Lebenskünstler sind bereits glücklich, wenn sie nicht unglücklich sind

Die einzige richtige Einstellung zur heutigen Welt ist ein gepflegter Galgenhumor

Wer den Schaden hat, darf für den Spott nicht sorgen

Bei dieser Feier sind Tiere verboten, höchstens ein Kater wird zugelassen

Die Hoffnung ist ein viel größeres Stimulans im Leben als irgendein Glück
(Friedrich Nietzsche)

Muffige Gesichter, finstere Mienen und Skatkarten sind an der Garderobe abzugeben

Es ist das Schicksal des Genies, unverstanden zu bleiben. Aber nicht jeder Unverstandene ist ein Genie

Memoiren sind eine Verleitung, die eigene Nase schöner zu malen, als sie ist
(Helmut Schmidt)

Man soll die Dinge nicht so tragisch nehmen, wie sie sind
(Karl Valentin)

Die meisten Menschen beichten am liebsten die Sünden anderer Leute
(Graham Greene)

Das beste Tischgespräch ist das Schweigen schwelgender Gäste
(Chinesisches Sprichwort)

Kluge Menschen suchen sich die Erfahrungen selber aus, die sie zu machen wünschen
(Aldous Huxley)

Um Geld verachten zu können, muß man es haben

*Die wahren Lebenskünstler vergleichen sich grundsätzlich nur mit Leuten, denen es schlechter geht als ihnen*

***Es ist nett, wichtig zu sein. Aber es ist wichtiger, nett zu sein***

Es ist keine Kunst, ein ehrlicher Mann zu sein, wenn man täglich Suppe zu löffeln hat
(Heinrich Böll)

Bescheidenheit ist eine Eigenschaft, für die der Mensch bewundert wird – falls die Leute je von ihm hören sollten

Die Erinnerung ist das einzige Paradies, aus dem wir nicht vertrieben werden können
(Jean Paul)

**Im Leben gehen die Granitbrocken unter, die Korken treiben weiter**

(Renoir)

Es ist dumm, sich über die Welt zu ärgern. Es kümmert sie nicht
(Marc Aurel)

Zum Weiterleben ist Vergeßlichkeit notwendig

Arbeit ist der Umweg zu allen Genüssen
(Willy Brandt)

Ein Dutzend verlogener Komplimente ist leichter zu ertragen als ein einziger aufrichtiger Tadel
(Mark Twain)

**Erfolg im Leben ist etwas Sein, etwas Schein – und sehr viel Schwein**

(Philip Rosenthal)

Menschen, die der Versuchung widerstehen, verschieben nur die Kapitulation auf morgen

Erinnerungen sind wie viele Konserven, ein bißchen schön gefärbt und deshalb nicht ganz ungefährlich

Ein Mensch ist der, der immer ein wenig mehr Mut hat, als er verzweifelt ist

Erfahrungen sammeln heißt Fehler begehen
(H.G. Wells)

**Der Neid ist die aufrichtigste Form der Anerkennung**

(Wilhelm Busch)

Gegen Angriffe kann man sich wehren, gegen Lob ist man machtlos
(Sigmund Freud)

Die Welt ist voller kleiner Freuden, die Kunst besteht nur darin, sie zu sehen

Glück ein Leben lang! Niemand könnte es ertragen. Es wäre die Hölle auf Erden
(George Bernard Shaw)

Es gibt drei Sorten von Menschen: solche, die sich zu Tode sorgen; solche, die sich zu Tode arbeiten; und solche, die sich zu Tode langweilen

*Wenn die Zeit kommt, in der man könnte, ist die vorüber, in der man kann*

Geschafft! Das Abitur haben alle in der Tasche und wieder einmal – wie schon beim ersten Gang in den Kindergarten, der Einschulung und dem Wechsel auf eine weiterführende Schule – beginnt jetzt angeblich „Der Ernst des Lebens".

Na ja, ernst wird's schon. Schließlich versprengt sich jetzt ein bisher eher fester Klassen- oder Jahr-

gangsverband in alle Winde. Der eine studiert in Köln, die nächste in Bonn, in Frankfurt, in München. Andere beginnen erst einmal eine Lehre, bummeln für ein Jahr durch die Welt, müssen zum „Bund".

Tatsache ist: Man wird sich größtenteils aus den Augen verlieren, die Erinnerungen werden verblassen, und irgendwann werden selbst die „schrecklichsten" Schulerlebnisse nur noch lustige Anekdoten sein.

Aber erst einmal steht die große Abschluß-Fete an. Der Druck von Schulnoten und Prüfungen ist vorbei, der Himmel ist weit...

Wie wäre es denn, dieses Gefühl ein bißchen zu konservieren? Wie wäre es, Erinnerungen an die Mitschüler, die Lehrer, die kleinen und großen Sorgen, die Zukunftsträume gleich jetzt schon für die Zukunft zu retten?

Natürlich ist eine solche Abi-Zeitung keine traurig-melancholische Angelegenheit. Im Gegenteil: Sie sollte vor Geist sprühen (wenn's nicht anders geht: stehlen), die Portraits der Mitschüler und Pauker sollten treffend, nicht zynisch, aber durchaus karikierend überspitzt sein – und auch nach zwanzig oder dreißig Jahren soll noch so etwas wie „Zeitgeist“ zwischen den Zeilen erkennbar sein. Für die Redakteure (möglichst viele) gilt:

Nur die geschliffensten Formulierungen und Bonmots, die aussagefähigsten Fotos und Zeichnungen sollen sich auf den Seiten der Zeitung finden.

Während der Schulzeit ist es in Ordnung, sich irgendwie so „durchzumogeln“. Aber bei der Abi-Zeitung besteht (vielleicht zum erstenmal) gerade für alle Mogler die Chance zu zeigen, was sie wirklich auf dem Kasten haben.

**Welche Stoffe sich für die Abi-Zeitung anbieten**

Ein „Aufmacher“ muß nicht, darf aber sein. Wie wäre es mit einem (fiktiven?) Pauker, der möglichst süffisant die Stärken und Schwächen gerade dieser Abschlußklasse zusammenfaßt?

Ganz wichtig und sicher der Hauptteil einer Abi-Zeitung sind Kurzbiographien (wenig ernsthafte natürlich) aller Klassenmitglieder und aller Lehrer.

Dazu gehören Fotos von jedem und jeder! Noch besser sind Karikaturen. Viel Arbeit für ein Talent, aber das sollte sich doch wohl finden (oder habt ihr alle den Kunstunterricht gemeinsam geschwänzt?).

Artikel über besondere „Leistungen“ der Klasse, einzelner Kameraden oder Lehrer. Diese „Leistungen“ können sowohl ausgefallene Hobbys als auch ausgeprägte Spleens und Marotten sein. Häufig hat es Klassenreisen oder gemeinsame Theateraufführungen gegeben, die Stoff bieten.

Lustige Fotografien mit passenden/unpassenden Bildunterschriften. (Solche Schnappschüsse ergeben sich im Laufe der Jahre auf Klassenfahrten immer, also suchen!)

Klatsch! Und wie bei jedem Klatsch muß es mit der Wahrheit nicht so genau genommen werden. Wichtig: niemanden verletzen!

Kleine Geschichtsstunde: „Wie wir (die Schüler) wurden, was wir sind!“ Dazu gehört eine strenge, aber witzige Kritik der Leistungskurse, die man gerade überstanden hat.

Zukunftsausblicke: In vergnüglicher Form kann von heute schon „nobelpreisverdächtigen“ Talenten auf eine große Zukunft des einen oder anderen Klassenkameraden geschlossen werden.

„Unsere Ziele für die Zukunft!“ Eine Sammlung nicht ganz ernst gemeinter Zukunftspläne.

Anzeigentexte nach dem Motto: „Nachhilfelehrer in gute Hände abzugeben...“

Zitate und Aphorismen zu allem, was mit Schule, Schülern, Lernen, Paukern, dem „Ernst des Lebens“, Beruf, Zukunft und „Erwachsensein“ zu tun hat.

*Hier finden sich Anregungen für Überschriften zu den verschiedensten Artikeln. In unseren Vorschlägen gibt es immer eine „Dachzeile“, eine „Hauptüberschrift“ und eine „Unterzeile“. Natürlich müssen nicht immer alle drei Überschriften verwendet werden. Man kann auch nur zwei oder nur eine auswählen – oder z. B. auch die „Dachzeile“ mit der Hauptüberschrift eines anderen Vorschlages kombinieren. Vor allem aber kann jede Überschrift auch als kleine Inhaltsangabe und Anregung für die eine oder andere „Story“ verstanden werden.*

Ein alter Lehrer erzählt:

**Das waren meine schwersten Jahre**

Wie mir das Leben zur Hölle gemacht wurde

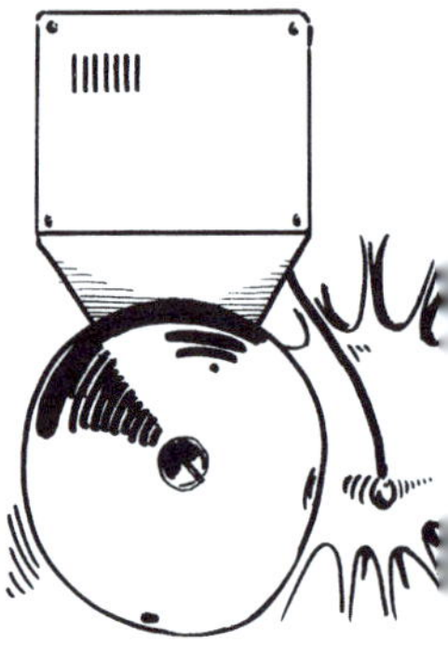

**HIGH NOON**

**WEM DIE PAUSENGLOCKE SCHLÄGT**

**Die Geschichte eines Martyriums**

Anleitungen zum Reichtum:

***SO MACHE ICH MEINE ERSTE MILLION***

Die Geschichte der großen Vermögen von morgen

Ein Pauker gesteht:

**„Ich tat das Menschenmögliche“**

Das Geständnis eines Gescheiterten

Schüler gibt grauenhaftes Geheimnis preis:

**„Ich wußte alles besser“**

Aber ich habe es immer für mich behalten

Lehrer freiwillig in Nervenklinik

**„Die haben mich geschafft“**

Aber er will weitermachen

*Abi-Fete erschütterte die Stadt*

**Das Grauen hat einen Namen**

**Die Chronik einer unvergeßlichen Klasse**

Grausame Drohung:

# Ich komme wieder

Abiturient droht, Lehrer zu werden

*Alptraum jedes Trainers:*

# Komplette Fußball-Elf entlassen

**Alle haben das Abi in der Tasche**

***Traumnoten auf dem Abiturzeugnis***

# „Bitte studieren Sie bei uns"

Unis überschütten Ex-Gymnasiasten mit Angeboten

Die wahre Geschichte

# Mein langer heißer Sommer

Abi geschafft – Weltreise geplant

Freiheit, Gleichheit, Brüderlichkeit

# Noten sollen abgeschafft werden

**Innenministerkonferenz sorgt für Sensation**

**Unglaublich!**

# Verbrüderung mit dem Gegner

Lehrer und Schüler vergnügen sich gemeinsam auf der Abi-Feier

**Was soll ich bloß studieren?**

# Selbst Zahnärzte nagen bald am Hungertuch

**Unmögliche Tips für das Studium der Zukunft**

*Von Schleichern, Kumpeln und Hinterhältigen*

# Das Geheimnis der Pauker-Typen

***Nein, nein, wir wollen hier auf keinen Fall verallgemeinern, aber Generationen von Schülern sind sich einig, daß es gewisse Typen an jeder Schule und zu jeder Zeit gibt (und gegeben hat). Alle hier aufgeführten Charakterskizzen sind natürlich reine Fiktion, Übereinstimmungen mit lebenden Personen sind rein zufällig! „Aber das haben wir doch jetzt hinter uns!" wird mancher Leser einwenden. Fehlanzeige! Kundige berichten, daß man genau dieselben Typen an jeder Uni und später in jedem Beruf wiedertrifft.***

## Die Polterer:

Meist sind sie männlich, mindestens 1,90 Meter groß und fast genauso breit, allerdings gibt es davon auch die getarnte Version (so um die 1,60 Meter).
Bei diesem Typ handelt es sich um eine sehr beliebte Lehrer-Version – und zwar aus einem einzigen Grund: Schon lange bevor er den Klassenraum betritt, hört man ihn kommen. Tauschaktionen und schnelle Abschriften „vergessener" Hausaufgaben können meist noch in aller Ruhe abgeschlossen werden.
Türen schließt er grundsätzlich mit einem lauten Knall und selbst seine „vertrauliche" Unterhaltung mit einer Kollegin kann man durch drei Betonwände auf dem Schulhof mithören.
Liebevolle Zurechtweisungen durch ihn hören sich an, als zürne Zeus persönlich. Für die, die es immer noch nicht glauben: Harte Schale und ein Kern aus Stahlbeton!

## Die Schleicher:

Das Gegenstück zu den Polterern. Passenderweise handelt es sich meist um extrem kleinwüchsige „Lehrkörper". Ein weiteres Kennzeichen: große Ohren.
Diese Spezies bewegt sich immer auf Turnschuhen oder auf Schuhen mit Kreppsohlen (ein ewiges Rätsel: Wo kann man die heute noch kaufen?). Bei Schülern grundsätzlich höchst unbeliebt, selbst dann, wenn es sich ansonsten um höchst nachsichtige Menschen handeln sollte.
Nichtsahnend schaut man auf von einer anregenden (aber verbotenen!) Lektüre oder Tätigkeit – und da stehen sie vor einem. Die Fluchtdistanz ist unterschritten, das Schicksal nimmt seinen Lauf. Das einzige (und wieder verbotene) Abwehrmittel: Barrikaden vor der Klassentür.

## Die Netten:

Kommen oft in einer unsicheren und „verhuschten" Form vor. Kaum älter als die Schüler, die vor ihnen sitzen, quasi frisch von der Uni, bleibt ihnen vor lauter Unsicherheit nichts anderes übrig, als grundsätzlich für alles Verständnis zu haben. „Verhauene" Arbeiten, Verspätungen, ausgesprochene Frechheiten – noch während der betroffene Schüler über eine Ausrede nachdenkt, haben sie bereits eine für ihn gefunden. „Man war ja auch mal jung!"
Merke: Grundsätzlich ausnutzen, der Typ hält sich nicht lange oder macht eine Metamorphose (wer da gerade gefehlt hat: Verwandlung) durch. Und was dann dabei 'rauskommt, weiß man nie. Also: Auskosten, so lange es dauert!

## Die Mächtigen:

Ihnen lassen sich keine äußeren Merkmale zuordnen. Macht hat nun einmal nichts mit Körpergröße zu tun, im Gegenteil: Diese Typen zitieren auffallend oft und gern Napoleon (auch kein Riese) und spielen ihre Macht (also ihren Wissensvorsprung) bedenkenlos aus. Erschreckend häufig findet man diesen Lehrertyp in den Fächern Latein („Ave Cäsar, die Todgeweihten grüßen dich – Müller übersetzen!") Mathematik („Wodurch zeichnen sich Primzahlen aus?") und Geschichte („Wie lange dauerte der Dreißigjährige Krieg?").
So richtig mächtig sind die Mächtigen aber erst kurz vor den Zeugnissen: Wissen ist Macht – und sie wissen, welche Noten auf einem gewissen Stück Papier stehen werden.

## Die Alleswisser:

Sozusagen die Sparversion der Mächtigen. Allerdings sind sie viel besser zu ertragen.
Sie wissen grundsätzlich alles – und alles besser (keine Kunst, sie können's ja vorher nachlesen!). Diese Typen allerdings sind relativ leicht in den Griff zu bekommen. Da sie an Macht nicht interessiert sind, muß man ihnen lediglich zu erkennen geben, wie sehr man ihr fundiertes Halbwissen bewundert. Außerdem: vor Ehrfurcht fast in den Boden sinken, dann hat man schon einen Notendurchschnitt erreicht, mit dem es sich leben läßt (allerdings nicht für Jura und Medizin!).

### Die Hinterhältigen:

Gnade Gott, wer es mit diesen Typen zu tun bekommt. Mehr als ein Fach bei einem solchen Menschen, und man hat die Dreißig überschritten, bevor man das Zeugnis der Reife in den Händen hält.
Wenn er oder sie eine Klassenarbeit über die Punischen Kriege ankündigen, darf man sicher sein, daß eine über das Liebesleben der Nasenbären geschrieben wird. Beschwerden bei übergeordneten Instanzen sind zwecklos. An Gemeinheiten kann es mit dem Typ niemand aufnehmen! Äußerste Vorsicht ist angeraten, zur Not die Schule wechseln!

### Die Frustrierten:

Oft das Endstadium der Netten nach der Metamorphose. Ihnen ist alles egal. Schüler sind eher eine lästige Randerscheinung des Berufs.
Vorteil: Wer sie nicht mit intelligenten Fragen, Anregungen und sonstigen „Zumutungen“ nervt, hat gute Chancen, selbst mit wenig Aufwand über die Runden zu kommen. Ehe sie sich auf langwierige Diskussionen über den Wert einer Leistung einlassen, geben sie dann doch lieber ein „Gut“ statt eines „Befriedigend“. Mit einigem Geschick läßt sich bei diesen Typen der persönliche Punktestand leicht nach oben korrigieren.

### Die Beamten:

Ähnliche Typen wie die Frustrierten. „Haben wir noch nie so gemacht!“-„Das haben wir aber immer so gehandhabt!“-„Da könnte ja jeder kommen!“ So und ähnlich lauten die Standardformeln, mit denen sie sich alles vom Hals halten.
Am besten kommt man mit diesen Typen zurecht, wenn man die einschlägigen Verwaltungsvorschriften und Durchführungsverordnungen unter dem Arm herumträgt. Eine weitere wirksame „Waffe“ gegen diese Typen ist die Drohung mit dem Vorgesetzten (oder dem Hausmeister!). Von „Obrigkeiten“ verstehen sie was – und meiden den Kontakt mit ihnen.

### Die Doofen:

Der erste Eindruck von ihnen ist eine Katastrophe – und dann steigert sich dieser Eindruck noch langsam. Jede und jeder, egal ob Schüler oder Lehrerkollege, faßt sich nach Gesprächen mit ihnen an den Kopf und fragt sich: „Gab es einmal eine Zeit, in der man mit dem IQ eines Besenstiels zum Studium zugelassen wurde?“
Vorteile: Die Doofen nerven nur, wenn man ihnen zuhört. Aber das ist ohnehin zwecklos, weil man selbst beim besten Willen von ihnen nichts lernen kann. Nachteil: Wenn man länger bei diesen Typen Unterricht hatte, könnte ihr Leiden ansteckend werden. Bleibt nur der Selbstunterricht, denn bekanntermaßen sind Lehrer Beamte – und damit leider unkündbar!

### Die Kumpel:

Ja, es gibt sie noch, die Lehrer, die ihre Schüler ernst nehmen, ambitioniert Wissen vermitteln und für alle Probleme immer ein offenes Ohr haben. Allerdings sollte man dem Kumpel nicht mit Anbiederei kommen, er hat feine Antennen. Diese Spezies wird immer seltener, sollte unter Denkmalschutz gestellt werden. Tip: Auf jeden Fall unter strengem Verschluß und unbeschädigt an die jüngeren Geschwister weitergeben.

# Unsere Leistungskurse

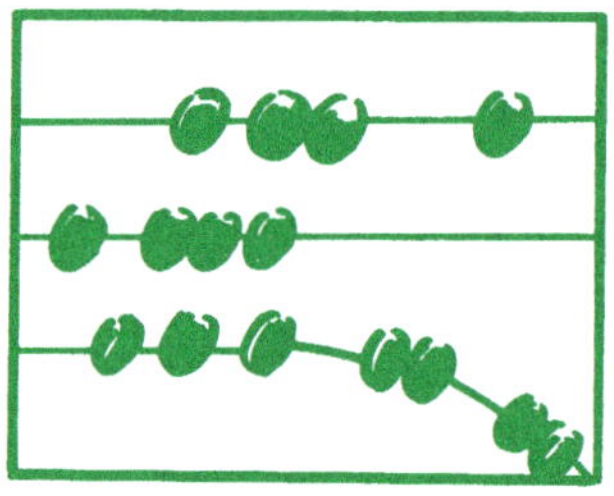
Mathematik

Religion

Deutsch

Sport

Französisch

Englisch

Geschichte

Kunst

Wirtschaft

Geografie

Latein

Biologie

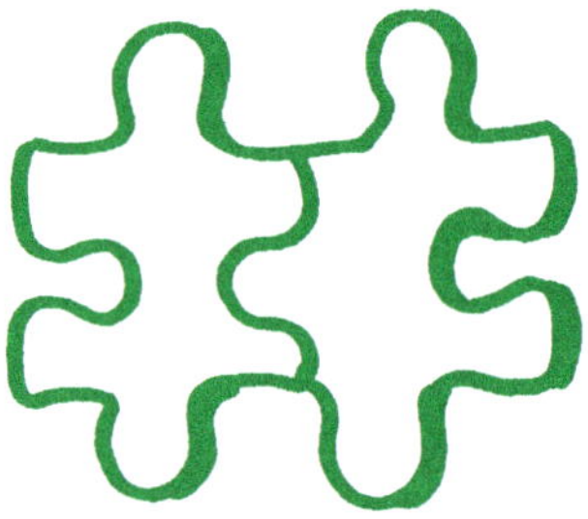
Sozialkunde

Physik

Chemie

Musik

Wenn die Penne geschafft ist:

| Out | | | In |
|---|---|---|---|
| Abschreiben | ✗ | ✓ | Abzocken |
| Anbaggern | ✗ | ✓ | Angraben lassen |
| Beischlaf | ✗ | ✓ | Cyber-Sex |
| Cabrio | ✗ | ✓ | Motorrad |
| Dauerlauf (Jogging) | ✗ | ✓ | Spaziergänge (Walking) |
| Eros (ab zwei Personen) | ✗ | ✓ | Ego (allein) |
| Fete | ✗ | ✓ | On-line-talk (ab 0 Uhr) |
| Geist (innerer Wert) | ✗ | ✓ | Körper (Gesamtkunstwerk) |
| Genügsamkeit | ✗ | ✓ | Geld scheffeln |
| Haben | ✗ | ✓ | Nehmen |
| Inhalte | ✗ | ✓ | Verpackungen |
| Krawall machen | ✗ | ✓ | Zugucken |
| Liebe (romantische) | ✗ | ✓ | Zweckbündnisse |
| Machos | ✗ | ✓ | knallharte Softies |
| Nase bohren | ✗ | ✓ | Taschentücher (aus Seide mit Monogramm) |
| Papas Mercedes | ✗ | ✓ | Opas Heinkel-Roller |
| Pit-Bulls | ✗ | ✓ | Meerschweinchen |
| Quasseln (mit dem Mund) | ✗ | ✓ | Tippen (mit den Fingern) |
| Reisen (pauschal) | ✗ | ✓ | Trekken (mindestens Himalaja) |
| Surfen | ✗ | ✓ | Rafting |
| Sein | ✗ | ✓ | Schein (in des Wortes doppelter Bedeutung) |
| Weibchen | ✗ | ✓ | Frauen (starke) |

**Vom Alki zum Qualitätscontroler:**

# Was wird eigentlic

**Alki:**
*Hatte schon beim Wechsel auf die weiterführende Schule zwei Drittel seiner grauen Zellen versoffen. Die restlichen paar Hundert Hirnzellen killt er mit einer Dauerinfusion. Traumjob: Qualitätscontroler in einer Fusel-Brennerei.*

**Aristoteles, weiblich:**
*Zitiert den Julius Cäsar im Original bei Bedarf auswendig und erläutert selbst einem Buschmann in fünf Minuten eingängig die Einsteinsche Relativitätstheorie. Idealberuf: Direktorin der vereinigten europäischen Max-Planck-Institute.*

**Aussteigerin:**
*Schwafelt täglich vom Ende der Welt, quatscht täglich was von Geistwesen, die die Welt retten sollen. Traumberuf: Weiblicher Guru mit Firmensitz auf den Gipfeln des Himalaja.*

**Bachstelze:**
*Zeigt jedem ungefragt ihre langen Beine und wundert sich, daß niemand auf die dürren Stelzen abfährt. Idealberuf: Model für Stützstrümpfe.*

**Banker:**
*Verleiht immer dicke Brocken aus seinem reichlich bemessenen Taschengeld und unterhält von den Zinsen eine 10-Zimmer-Villa im Grünen. Traumberuf: Vorstandsvorsitzender von Papas Privatbank.*

**Bastler:**
*Kann jeden Computer und jedes Motorrad in seine Einzelteile zerlegen und ist selber immer ganz erstaunt darüber, was beim Zusammenbau herauskommt. Idealberuf: Assistent von Daniel Düsentrieb.*

**Boß:**
*Ist Anführer einer Bande und macht sich nie selber die Hände schmutzig. Schafft es gerade noch, allein aufs Klo zu gehen. Traumjob: Pate einer Mafia-Familie.*

**Cäsar:**
*Ist unumschränkter Herrscher über imaginäre Legionen, hängt aber immer am Rockzipfel von Cleopatra. Idealberuf: Fremdenführer in Rom.*

**Django:**
*Läßt den Knallharten heraushängen, geht über Leichen, ist nachtragend: „Mein ist die Rache!" Traumjob: Schießbudenbesitzer.*

**Dornröschen:**
*Wartet schmachtend auf den Prinz, der sich immer irgendwie in der Dornenhecke verheddert. Wird ihren Kuß wohl nie bekommen. Idealberuf: Züchterin von dornenlosen Rosensträuchern.*

**Einsteinin:**
*Schärfste Konkurrentin des Aristoteles. Weiß alles und beweist den Paukern regelmäßig, daß sie unrecht haben. Ihr Lieblingsspruch: „Alles ist relativ!" Traumjob: Raumkrümmerin.*

**Fleischfresser:**
*Baggert alles an, was weiblich ist und nicht schnell genug auf die Bäume kommt. Traumberuf: Callboy.*

**Geier:**
*Kann stundenlang regungslos darauf warten, daß er von anderer Leute Wissen und Arbeit etwas erbeuten kann. Schlägt dann aber gnadenlos zu. Traumjob: Broker.*

**Giftzwergin:**
*Lauert unerkannt im Hintergrund und macht sich lauthals über jeden Fehler bei anderen lustig. Idealberuf: Geschichts- oder Mathematiklehrerin.*

# …us …

**Hackerin:**
*Hat vor zwei Jahren noch versucht, Tippfehler auf dem Computerbildschirm mit Tipp-Ex zu beseitigen, geht heute aber jede Nacht auf Datenklau im Pentagon-Rechner.*
*Traumberuf: Billa Gates.*

**Indianerin:**
*Ist immer auf dem Kriegspfad und übt sich im lautlosen Anschleichen. Wer sich mit ihr anlegt, ist seinen Skalp so gut wie los.*
*Traumjob: Friseurin.*

**Junkie:**
*Zieht sich ständig irgendwelchen Stoff rein und schwebt immer auf Wolke Sieben. Sein Motto: „Alle Menschen werden Brüder!"*
*Traumjob: Apotheker.*

**Kasper, weiblich:**
*Macht immer den Pausenclown und würde für einen guten Gag auch den besten Freund verkaufen.*
*Idealberuf: Gagschreiberin beim Privatfernsehen.*

**Klugscheißerin:**
*Hat von nichts Ahnung, aber weiß alles besser.*
*Traumberuf: Journalistin.*

**Langweiler:**
*Wer ihm eine Minute zuhört, verfällt in den Tiefschlaf. Tötet garantiert jede Fete, weil selbst der CD-Player ins Koma fällt.*
*Traumjob: Fernsehmoderator.*

**Maulwurf:**
*Arbeitet verdeckt für die Gegenseite, also für die Pauker. Stellt sich dabei aber immer selbst ein Bein.*
*Idealberuf: Geheimagent beim Verfassungsschutz.*

**Nöhle:**
*Hat immer was zu meckern, ist nie zufrieden und findet überhaupt alles zum Kotzen.*
*Traumberuf: Oppositionspolitikerin.*

**Oldie:**
*Ist jetzt fast Dreißig und kann es kaum raffen, daß er schon im 13. Anlauf das Abi geschafft hat.*
*Traumjob: Rentner.*

**Philosophin:**
*Versucht, hinter jedem Ding einen Sinn zu finden, vergißt aber immer wieder, daß der Schein das Sein bestimmt und rennt bzw. liegt 'rum wie Diogenes.*
*Idealberuf: Einsiedlerin.*

**Qualle:**
*Paßt in keine Jeans und muß mit dem Kran ins Klassenzimmer bugsiert werden.*
*Traumberuf: Testesserin.*

**Rocky:**
*Schlägt erst zu und fragt dann. Hat sein Hirn in den Fäusten und daher im Kopf ein Vakuum.*
*Traumjob: Boxbuden-Besitzer.*

**Schicki:**
*Kennt immer nur die richtigen Leute, verkehrt in den richtigen Lokalen und hat für Normalos nur einen abschätzigen Blick.*
*Idealberuf: Sohn oder Tochter oder Schwiegersohn oder Schwiegertochter.*

**Schlaffi:**
*Hängt immer 'rum wie ein nasser Sack und ist stolz, wenn sie nach einer Liegestütze wieder hochkommt. „Liebling" aller Sportlehrer.*
*Traumberuf: Matratzen-Testerin – natürlich nur zum Schlafen.*

**Tiefflieger:**
*Geistig so beweglich wie eine Amöbe. Paßt mit seiner Geistesgröße problemlos unter jeden Teppich.*
*Idealberuf: „Wie, was – Beruf?"*

**Wurzelhexe:**
*Läuft nur in selbstfabrizierten Klamotten aus alten Kartoffelsäcken herum und schaufelt makrobiotisches Müsli in sich hinein.*
*Idealberuf: Kräuterweib.*

**Yuppie:**
*Hat vor lauter Symbolen seinen Status vergessen, setzt sich grundsätzlich nur auf vergoldete Klobrillen. Motto: „Watt nix kost, is nix!"*
*Traumberuf: Titelhändler.*

DER ABGESCHLOSSENE ROMAN:

# DIE ENTSCHEIDUNG

Das Abi lag schon ein paar Monate zurück. Seitdem war er hier. Und heute würde er es tun. Er hatte sich entschieden. Auch wenn ihn später alle verachten würden für seine Tat. Sein Entschluß stand fest.

Selbst engste Freunde würden ihn schneiden, vorwurfsvolle Blicke würden ihn treffen ja, mit dem Finger würden sie auf ihn zeigen. Aber es gab kein Zurück.

Schon zu lange hatte er diese Entscheidung vor sich hergeschoben. Jeden Freitag hatte er sich gesagt: „Nächste Woche, nächste Woche werde ich es tun.“ Aber immer wieder hatte ihn der Mut verlassen. Immer wieder hatte er in allerletzter Minute gekniffen.

Heute wollte er endlich Charakter beweisen, sich selbst.

Die Mensa war voll wie immer. In der Schlange vor der Essensausgabe war er immer weiter vorgerückt. Jetzt stand er am Tresen.

Und er sagte es, er sprach es aus mit marki ger Stimme: „Einmal Erbsensuppe bitte!“

Preisausschreiben:

## Studienplatz zu gewinnen

### Was ist das?

Ein Wisch, für den man sich jahrelang krumm und lahm geschuftet hat, den aber später kein Mensch mehr anschaut?

Ein Stück Papier, das Reife bescheinigt, aber niemanden davon abhält, einen auch weiterhin als „Rotzlöffel“ zu beschimpfen?

Eine Art Eintrittskarte für die Uni – aber ohne Anspruch auf einem Sitzplatz während der Vorlesungen?

Eine Urkunde, die für jahrelanges Wohlverhalten und die Aneignung eines riesigen Haufens nutzlosen Wissens verliehen wird.

Lösung: Abiturzeugnis.

### Haben Sie es gleich erraten?

Dann schicken Sie uns das Lösungswort auf der Rückseite ihres „Reifezeugnisses“ zu. Der Gewinner erhält einen Studienplatz seiner Wahl – für das Wintersemester 2009 in Wladiwostok.

*So blickt ihr durch:*

# Vom Schuldeutsch zur Umgangssprache

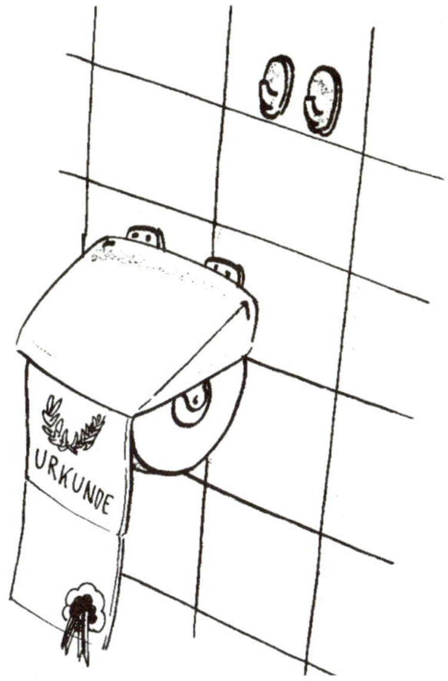


Vieles, was man auf der Penne gelernt hat, kann sofort wieder vergessen werden. Manches aber hat man uns gar nicht beigebracht oder nur in der völlig veralteten Form. Dazu gehört die Sprache vor dem Schultor und im Berufsleben. Mit diesem kleinen Schnellkurs blickt ihr durch.

| **So kennen wir's:** | ➔ | **So sagt man's draußen:** |
|---|---|---|
| Arbeitslos | ➔ | Beschäftigungsfrei |
| Bisexueller | ➔ | Doppeldecker |
| Damentoilette | ➔ | Spiegelkabinett |
| Eltern | ➔ | Erzeuger-Duo |
| Freund/in | ➔ | Lebensabschnitts-Begleiter/in |
| Hausmeister | ➔ | Immobilien-Instandhaltungs-Bevollmächtigter |
| Herrentoilette | ➔ | Stehsalon |
| Klatsch | ➔ | Infotainment |
| Lehrer/in | ➔ | Wissenstransporteur/in |
| Müllkippe | ➔ | Entsorgungspark |
| Rausschmiß | ➔ | Freisetzung |
| Schule | ➔ | Wissens-Vermittlungs-Institut |
| Telefonsex | ➔ | Telecom-Safer-Sex |
| Universität | ➔ | Entsorgungspark für hochqualifizierte Beschäftigungsfreie |
| Zeugnis | ➔ | Wissensstand-Einschätzungs-Dokument |

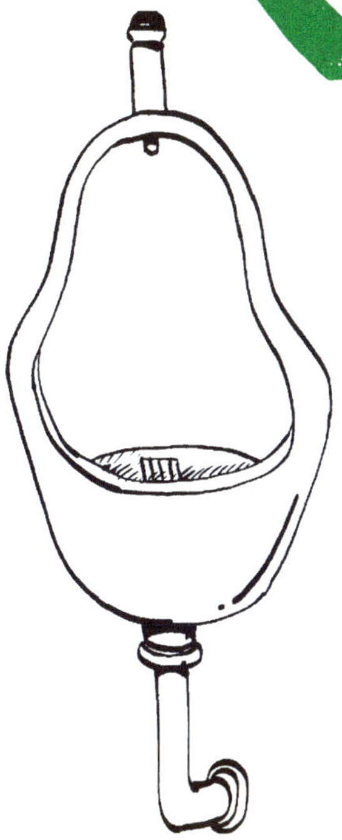

*Sicher durch die nächsten Jahre:*

# ÜBERLEBENS-TRAINING FÜR SELBSTVER-SORGER

Was uns bisher höchst nervend regelmäßig bei passender und unpassender Gelegenheit aufs Butterbrot geschmiert wurde, hat nun ein Ende. Jetzt ist Schluß mit „So lange du deine Füße unter unserem Tisch hast..."
Die Fremde ruft, die große Freiheit, das Studium in einer fremden Stadt, die eigenen vier Wände in Form einer Studentenbude. Und – sind wir ehrlich – das beste an dem Tisch, unter dem bisher unsere Füße steckten, war ja oft das, was auf diesem Tisch stand: Regelmäßig gab's was Vernünftiges zwischen die Zähne. Demnächst heißt es also, selbst den Topf zu füllen. Da kommt eine klitzekleine Einführung in die hohe Kunst des Kochens doch gerade recht:

## Kaffeewasser:
Kommt meist aus der Leitung, muß aber trotzdem abgekocht werden. Wunder der Chemie: Kippt man es sprudelnd über das Kaffee-Pulver (nicht über die ganze Bohne!), kommt unten die begehrte braune Brühe heraus. Übrigens: Keine Angst, Kaffeewasser kann nicht anbrennen!

## Teewasser:
siehe Kaffeewasser.

## Ei (gekocht):
Anfänger machen immer wieder den Fehler, diese beliebte Frühstücksbeilage etwas zu lange zu kochen. („Wie? Das kocht jetzt schon 20 Minuten und ist immer noch nicht weich?"). Aus irgendwelchen geheimnisvollen physikalischen Gründen soll man übrigens vor dem Kochen immer ein Loch in die Eierschale machen (geht auch ohne Bohrmaschine!)

## Bratkartoffeln:
Haben dem gleichnamigen Verhältnis seinen Namen gegeben. Robuste Naturen vergnügen sich damit schon am frühen Morgen (mit den Kartoffeln, in selteneren Fällen auch mit dem Verhältnis). Gute Grundlage für lange, feuchte Diskussionsabende. Brät er rohe Kartoffeln, kommt der ungeübte Anfänger schnell hinter das Geheimnis der Holzkohlegewinnung. Ausweg: Aus-der-Tüte-in-die-Pfanne-in-den-Magen.

## Gemüse aller Art:
Das größte Problem bei der Zubereitung ist die zähe Umhüllung, in der alle diese Dinge geliefert werden. Wer nicht sonderlich geschickt ist im Umgang mit Hammer und Meißel oder Fahrtenmesser, sollte sich einen sogenannten Büchsenöffner anschaffen. Puristen behaupten immer wieder, daß man das Zeug auch frisch auf dem Markt bekommt. Dann allerdings ist die Zubereitung schon etwas für Fortgeschrittene.

## Suppen/Eintöpfe:
Siehe Gemüse.

## Soße (deutsche):
Sie besteht in der Regel aus viel Wasser, Mehl und irgendwelchen Aromazusätzen. Nützlich: Man kann damit Plakate kleben, die niemand mehr abreißen kann.

## Nachspeisen:
Gibt es in Plastik (einfach aufreißen), in Flaschen (Vorsicht: Promillegrenze) oder als längliche in Papier gerollte Stäbchen, die an einer offenen Flamme entzündet werden müssen (kommt gerade aus der Mode!).

## Obst (frisches):
Steckt angeblich voller Vitamine und Ballaststoffe. Gut für die Stärkung des Immunsystems, denn Reste von Dünge- und Schädlingsbekämpfungsmitteln, Oberflächenversieglungsmitteln und Chemikalien für die Haltbarmachung werden ohne Preisaufschlag mitgeliefert. Merke: Was uns nicht umbringt, macht uns härter! Wer mit einem Messer umgehen kann, sollte Obst vor dem Verzehr schälen – bei weichen Pflaumen und überreifen Pfirsichen erfordert das etwas Übung! Einfacher Ausweg: Bananen, die werden immer (!) ohne Schale gegessen.

## Spezialtip für Geschirrspülmuffel:
Natürlich sind wir nicht so bekloppt, wie in Mutters Haushalt nach jedem Essen abzuspülen. Dumm ist nur, wenn plötzlich gar kein Topf und keine Pfanne mehr sauber ist. Aber: Als Ausweg bieten sich Spiegeleier vom Bügeleisen an.

Ratgeber
rund um Studium, Beruf und Zukunft

**Der aktuelle Buchtip**

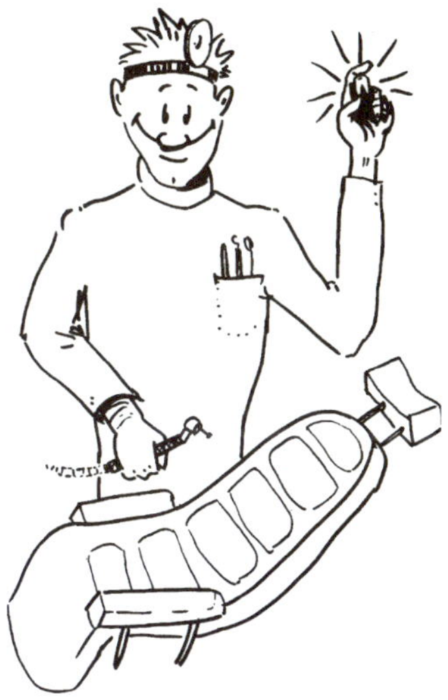

## Ich bohrte tief und stieß auf Gold

Ein Zahnarzt berichtet von seiner ersten Million.

## Das neue Dschungelbuch

Der Survival-Ratgeber für die Uni.

## Vom Millionär zum Tellerwäscher

Wie man am effektivsten Vaters Vermögen durchbringt.

## Ich kam, sah und siechte

Ein Aussteiger berichtet, wie Arbeit ihn kaputtmachte.

## DIE GROSSE FREIHEIT

Studiere, was du willst, es ist
sowieso das Falsche.

# Zitate und Sprüche

**Erfahrung ist der beste Lehrmeister. Nur das Schulgeld ist so teuer**

WER DEN HIMMEL AUF ERDEN SUCHT, HAT IM ERDKUNDEUNTERRICHT GESCHLAFEN!

Es gibt viel Arbeit, wir wollen sie niemandem wegnehmen.

Das Staunen ist die Triebfeder jeder Entdeckung.
(Cesare Pavese)

**JEDER IST ZU ETWAS GUT. ZUR NOT KANN ER NOCH ALS SCHLECHTES BEISPIEL DIENEN.**

Es gibt viel Arbeit, lassen wir sie liegen!

An ill master, an ill scholar.

Das Endergebnis ist:
Wir wissen sehr wenig,
und doch ist es erstaunlich,
daß wir überhaupt soviel wissen,
und noch erstaunlicher, daß so
wenig Wissen uns so viel
Macht geben kann.
(Bertrand Russell)

**Im Leben lernt der Mensch zuerst gehen und sprechen. Später lernt er dann, stillzusitzen und den Mund zu halten**
(Marcel Pagnol)

**ICH WEISS JETZT MEHR ALS ALLE PROFESSOREN!**
(Inschrift auf einem Grabstein)

**Um es im Leben zu etwas zu bringen, muß man früh aufstehen, bis in die Nacht arbeiten – und Öl finden**
**(Paul Getty)**

Es gibt viel zu tun, warten wir es ab

Gib mir doch bitte eine Zigarette, meine sind noch im Automaten.

**If you can read this – thank a teacher**

NICHT FÜR DIE SCHULE, FÜR DEN PAUKER LERNEN WIR!

Das große Übel der heutigen Jugend besteht darin, daß man nicht mehr dazugehört.
(Salvador Dali)

**He thinks too much; such men are dangerous.**
(William Shakespeare)

Nur tote Fische schwimmen mit dem Strom

**Der Vorteil der Klugheit ist, daß man sich dumm stellen kann. Das Gegenteil ist schon schwieriger**

(Kurt Tucholsky)

Viele Menschen, manchmal gerade besonders kluge, meinen, daß Geld alles sei. Sie haben recht

(Ephraim Kishon)

Eine Idee ist nicht verantwortlich für die Menschen, die an sie glauben.
(Don Marquis)

***Den Fortschritt verdankt die Menschheit den Unzufriedenen.***

(Aldous Huxley)

Dummheit ist nicht:
wenig wissen.
Auch nicht: wenig wissen wollen.
Dummheit ist: glauben,
genug zu wissen

**All we need is love.**
**All we get is homework**

Die Zeiten waren noch nie so ernst wie immer
(Lore Lorentz)

**Universitäten sind Bildungsstätten, die aus Neunmalklugen Siebengescheite machen**

**Auch der Dumme hat manchmal einen gescheiten Gedanken, er merkt es nur nicht**

Talente finden Lösungen,
Genies entdecken Probleme

***Aussteigermentalität: Lieber das fünfte Rad am Wagen, als vorn an der Schubkarre ganz auf sich allein gestellt***

Alle wollen nur unser Bestes, doch sie kriegen es nicht

**Die Leute können ein Großmaul nicht ausstehen – aber zuhören werden sie ihm immer**
(Muhammad Ali)

Im Kampf zwischen dir
und der übrigen Welt
stellst du dich am besten
auf die Seite der übrigen Welt
(Franz Kafka)

He who can, does.
He who cannot, teaches
(George Bernard Shaw)

**Zwerge bleiben Zwerge, auch wenn sie auf den Alpen sitzen...**

# Die Familienzeitung

Doch, es gibt sie auch heute noch, und sie erfreuen sich in den letzten Jahren wieder steigender Beliebtheit: Familientreffen.

Mitunter legen die Gäste Hunderte oder Tausende von Kilometern zurück, um daran teilzunehmen. Der letzte Krieg hat manche Familien schließlich über mehrere Kontinente verstreut.

Es treffen sich Großnichten, Ur-Ur-Tanten aus dem kanadischen Ontario mit ihren 18jährigen Verwandten dritten oder vierten Grades aus Hamburg, dem bayerischen Hof oder aus dem Ruhrgebiet.

Menschen, die zwar miteinander verwandt sind, sich aber noch nie im Leben gesehen haben. Wer ist wer? Wer gehört zu welchem Zweig der Familie? Wer ist „nur" ein Angeheirateter? Welche Kinder gehören zu welchem Paar? „Was, das ist der Urenkel vom alten Hugo?"

Bis jeder auch nur einigermaßen durchblickt (von den vielleicht noch lebenden Stammvätern und -müttern einmal abgesehen), ist das Familientreffen auch schon vorbei. Und das nächste Treffen ist vielleicht erst für das Jahr 2005 geplant.

Da ist klar: Eine Zeitung muß her! Ein „Familienjournal", eine „Sippen-News", ein „Who is Who", oder wie immer die Zeitung heißen soll. Natürlich muß eine solche Zeitung in erster Linie einmal dafür sorgen, daß die vielen Menschen, die da zusammensitzen, sich kennenlernen.

Aber auch hier darf geschmunzelt oder gelacht werden. Schließlich trifft man sich zum Vergnügen, um miteinander zu feiern, Erinnerungen aufzufrischen, Neuigkeiten auszutauschen.

Daß dabei auch der verstorbenen Sippenmitglieder gedacht und die neu hinzugekommenen Familienmitglieder (egal ob durch Geburt oder Heirat) gebührend bestaunt werden, tut dem vergnüglichen Charakter der Veranstaltung keinen Abbruch.

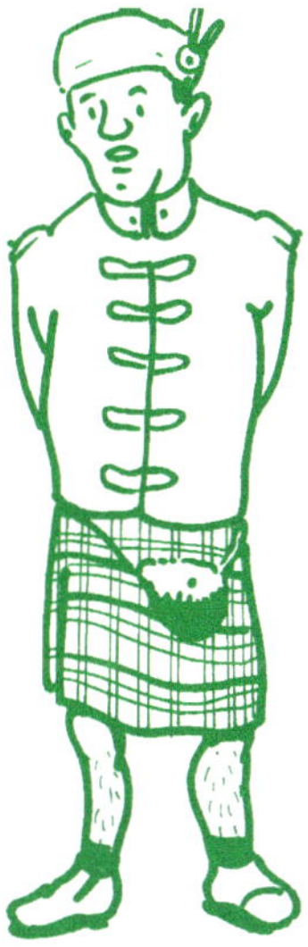

Eine Familienzeitung wird man kaum als „Überraschung" herstellen können. Bereits im Vorfeld müssen enge Kontakte zu den einzelnen „Stämmen" und „Unterstämmen" hergestellt, müssen Geburts-, Hochzeits- und Todesdaten abgefragt werden. Denn das A und O einer Familienzeitung ist die Information, die hier stärker im Vordergrund steht als bei anderen Festzeitungen.

Also sollte sich die „Redaktion" möglichst aus Mitarbeitern der verschiedenen Familienzweige zusammensetzen.

Klar ist, daß schon im Vorfeld ein „Chefredakteur" ausgeguckt werden muß, der die ganze Aktion koordiniert und sich schließlich um „Layout" und Druck kümmert.

**Was in die Familienzeitung paßt**

Breit ist das Spektrum der Themen, die sich für eine solche „Sippenzeitung" eignen. Wobei dieses Blatt mehr von den (Familien-)Nachrichten als von reinen Blödeleien bestimmt sein sollte.

Der „Aufmacher", also der einleitende Artikel, wird sich wohl in geraffter Form mit dem Zeitraum befassen, der seit dem letzten Treffen vergangen ist. Welche herausragenden Ereignisse gab es? Kurz, lustig und dennoch informativ.

Ein „Stammbaum" sollte nie fehlen in einer solchen Zeitung. Das darf das Bild einer echten Eiche sein, bei der jeder starke Ast einen Zweig der Sippe darstellt. Es darf aber ebenso eine schematische Darstellung sein. Wichtig ist, daß auf einen Blick erkennbar ist, wie die Sippe sich, ausgehend von der Urahnin und dem Urahn, bis in die Gegenwart verzweigt hat.

Ganz wichtig – und mit viel Vorarbeit verbunden – sind Bilder. Möglichst alle Familienmitglieder sollten vorgestellt werden, ein kurzer Lebenslauf von jedem verschafft Überblick. Dieses „Ressort" kann man auch gut mit dem Stammbaum koppeln.

Alle wichtigen Familienereignisse werden in Artikeln, lustigen Kommentaren und Anekdoten beschrieben. Geburten, Eheschließungen, Jubiläen, runde Geburtstage werden locker und amüsant „nachgekartet". Wenn es das erste Familientreffen überhaupt ist, kommt da einiges zusammen.

In der Rubrik „Familienklatsch" darf dann auch einmal ein wenig neben der Wahrheit „getratscht" werden. Ein Spaß für die ganze Sippe nur dann, wenn Dichtung und Wahrheit wieder säuberlich getrennt werden!

Eine kleine „Geschichtsstunde" für die Jüngeren in der Familie sollte auf keinen Fall fehlen. „Back to the roots" – woher stammen Urvater und -mutter? Wie haben sie gelebt? Gibt es einen Familienspruch, ein Motto oder gar ein Wappen? Auch alle Großen und Berühmten der Weltgeschichte haben eine Familie oder einen „Clan" gehabt. Und viele hatten etwas zu sagen im Hinblick auf Freud und Leid mit der oder in einer Familie.

Manche haben ihre würdigen Tanten und flippigen Nichten, ihre würdigen Großväter und leichtsinnigen Vettern so beschrieben, daß man denkt: die haben uns gekannt und gemeint!

Also: Zitate, Bonmots und Aphorismen zu Themen wie Familie, Zusammenleben, Alter und Jugend, Freud und Leid, Kindern oder Vorfahren gehören auf jeden Fall in die Familienzeitung.

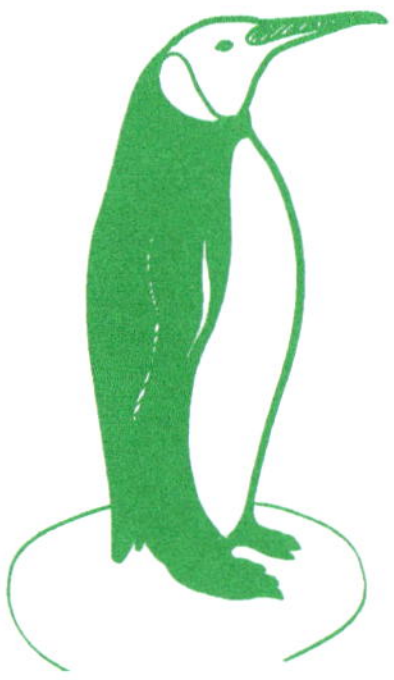

Die Familie mit anderen Augen gesehen:

# Großtanten und Nasenbären

**Ein Beitrag unserer Wissenschafts-Redaktion**

Sie sind unsere Verwandten, wir kennen sie schon seit vielen Jahren, sie sind uns vertraut. Aber: Es ist ein Irrtum anzunehmen, alle Menschen stammten vom Affen ab. Den Beweis finden wir in unserer eigenen Familie. Denn jetzt ist es Erbgut- und Verhaltensforschern mittels neuer Computerprogramme gelungen, die Evolutionskette mit typischen Eigenarten unserer lieben Verwandtschaft zu kombinieren. Das Ergebnis sind verblüffende Feststellungen – die immerhin schon eines klar erkennen lassen: Außer den Affen gehören auch Nasenbären, Faultiere, Wildschweine, Kanalratten, Trampeltiere, Elstern und Paradiesvögel zum erweiterten Kreis unserer Vorfahren.

Hier bohren →

Großtanten zum Beispiel, die bei jeder Unterhaltung ungefragt ihren Kommentar dazugeben, nachher schon immer vorher alles besser gewußt und vorausgesehen haben wollen und überall ihre Nase hineinstecken, konnten in der Evolutionskette unzweifelhaft den Nasenbären zugeordnet werden.

Eine andere Sorte von Verwandten kann dagegen ihre Abstammung von den Kanalratten nicht verbergen: Es sind jene Nichten oder Neffen, die noch während der Beerdigungsfeiern von Erbonkeln und -tanten mit dem Taschenrechner versuchen, aus den letzten Kontoständen und den Zahlen der Anwesenden ihre eigenen Erbansprüche hochzurechnen.

Die den Elstern zuzuordnenden Verwandten bleiben derselben Trauerfeier hingegen fern – und suchen unterdessen in der Wohnung des oder der Verstorbenen alles zusammen, was glitzert, glänzt oder sonstwie wertvoll aussieht.

Wer sich den Wildschweinen zuordnen lassen muß, wird an jeder Festtafel deutlich. Oftmals verraten sich die Betreffenden zwar nur durch kleine Ferkeleien – manchmal aber hinterlassen sie auch einen regelrechten Saustall. Das wiederum nehmen die den Trampeltieren nahestehenden Familienmitglieder gern zum Anlaß, in der ihnen eigenen Art dem Unmut Luft zu machen.

Natürlich muß durch detaillierte Studien für jede Familie gesondert beobachtet werden, wer welchen Tiergruppen am nächsten steht. Am besten achten Sie einfach auf die Verhaltensweisen. Um bei diesen Naturbeobachtungen nicht aufzufallen, verstecken Sie sich am besten hinter dieser Zeitung und bohren unauffällig kleine Löcher hinein, durch die Sie dann alles im Blick haben.

Aber: Sie müssen stark damit rechnen, daß Sie von anderen dabei beobachtet werden – und man Ihnen deshalb eine nahe Verwandtschaft mit Leseratten unterstellt…

← Hier bohren

Auf die Zutaten kommt es an:

# DER MENÜPLAN FÜR EIN FAMILIENFEST

Für das Gelingen des großen Treffens ist die Speisekarte besonders wichtig. Wir haben internationale Spitzenköche befragt, welche Vorschläge sie zu machen haben – und aus den Antworten die folgende Kombination zusammengestellt:

## BEGRÜSSUNGSCOCKTAIL

aus offenem oder gequältem Lächeln, Komplimenten (ehrlichen und falschen), Händeschütteln (das „liebe" Händchen, bitte), „Diener" und „Knicks" (kommt langsam aus der Mode, es sei denn, man gehört zum Uralt-Adel), Wiedersehensfreude und einem Schuß von „Den-konnte-ich-noch-nie-leiden".

## APERITIF:

Da bietet sich ein leicht geschütteltes Gebräu an aus ein bißchen Angabe, Vater- und/oder Mutterstolz, dem dezenten Hinweis auf berufliche (eigene) und schulische Erfolge (der Sprößlinge) und das neue – natürlich größere – Auto. Wer angibt, der hat mehr vom Leben – und das Menü mundet um so besser.

## VORSPEISE:

Jetzt darf schon etwas schärfer gewürzt werden. Die Zutaten sind der neueste Familienklatsch, abfällige Bemerkungen über Tantchens unpassendes Sommerkleid (im Sommer: Winterkostüm) und den Bierbauch des Erbonkels, der schon wieder etwas runder geworden ist. (Zubereitungshinweis: Beim letzten Gewürz sollte man vorsichtig sein, falls man im Testament bedacht ist. Aber wer weiß das schon!)

## HAUPTGANG:

Die deftigen Speisen sind angesagt. Ein paar Zoten (die Kinder hören weg!), der erste, noch verhaltene Streit unter den lieben Verwandten; ein wenig üble Nachrede, zynische, süffisante oder offen boshafte Bemerkungen – und als Garnitur ein paar Blättchen Neid und Mißgunst..

## NACHSPEISE:

Der Magen ist gefüllt, und die Leber hat auch allerhand zu tun, da ist nur noch Platz für ein paar Kleinigkeiten: Aufbruchstimmung, die gegenseitigen Versicherungen, daß es ja wieder einmal sehr schön war und man sich schon auf das nächste Treffen freue, Händeschütteln, noch ein paar mehr oder weniger feuchte Küßchen hier und da – und als Dekoration noch ein kräftiger Seitenhieb auf den Lieblingsfeind unter den lieben Sippenmitgliedern.

Anmerkung zur Zubereitung: Anders als bei herkömmlichen Rezepten – Sie wissen schon, viele Köche verderben den Brei – gilt für die Zubereitung unseres Menü-Vorschlags: Je mehr (Verwandte), desto besser. Denn dann findet garantiert jeder einen, den er überhaupt nicht ausstehen kann.

Wenn die Verwandten kommen:

# 7 Überlebenstips fürs Familientreffen

***Zum erstenmal also soll es zu einem deutschland-, europa- oder gar weltweiten „Riesen-Super-Familientreffen" kommen? Und Sie sind „nur" so ein Anhängsel, haben vielleicht sogar nur eingeheiratet in diese Sippe? Keine Angst, mit unseren Tips zum „Umgang mit den lieben Verwandten" werden Sie auch diese Prüfung, die das Leben Ihnen auferlegt hat, überstehen:***

**Tip 1:** Der Weg in die Herzen Ihrer noch unbekannten Verwandtschaft führt immer über die lieben Kleinen. Also: Loben Sie grundsätzlich Schönheit, Intelligenz und andere liebenswerte Eigenschaften der Sprößlinge (irgendeine positive Eigenschaft werden Sie doch finden!). Der gegenteilige äußere Anschein ist kein Hinderungsgrund. In dieser Hinsicht sind Eltern quasi von Natur aus blind. Sie müssen hart zu sich selbst sein: Beißt Sie der „süße Kleine" herzhaft in die Hand, mit der Sie ihm liebevoll über den Schopf streichen wollten – loben Sie sein Durchsetzungsvermögen und – mit Blick auf die blutende Hand – sein wunderschön gleichmäßiges Gebiß.

**Tip 2:** Trinken Sie grundsätzlich mit jedem und jeder Brüderschaft. Zwar sind Sie auf dem Papier verwandt, aber erst die richtige Menge Bier, Wein und Schnaps bringt die zum allgemeinen „Du" nötige Unverkrampftheit. Beim Bruderkuß sind schlechte Zähne, Essensreste, Körpergeruch und Zigarrenqualm keine Hindernisse. Familiäre Nähe will erkämpft sein.

**Tip 3:** Meiden Sie die Schwarzen Schafe der Familie. Sonst zählt man Sie schnell zu deren Herde.

**Tip 4:** Sie wissen beim besten Willen nicht, um welche Ecken Sie mit Ihrem Gesprächspartner verwandt sind? Fragen Sie ein beliebiges anderes Familienmitglied. Sie werden sicher mit einem dreistündigen Vortrag belohnt, der Sie darüber aufklärt, daß doch da vor vier Generationen „die Ur-Ur-Urgroßtante Mathilde diese indiskutable Liaison mit dem „Wie-hieß-er-denn noch-mal" hatte – und..."
Langeweile? Da heißt es durchhalten!

**Tip 5:** Sie haben die eigenen Kinder mitgenommen? Phantastisch! Drillen Sie Ihren Nachwuchs tunlichst schon Wochen vorher. Lieder singen, Klavier spielen (macht nichts, wenn die Kleine erst drei Klavierstunden hatte), Gedichte rezitieren (das wird man mit zwei Jahren doch erwarten dürfen!) – zur Not kann man auch Kopfrechnen oder einen einarmigen Handstand vorführen lassen. Ihre Verwandtschaft wird es zu schätzen wissen, wenn sie alle fünf Minuten ihre Gespräche unterbrechen darf, um Ihren kleinen Wunderkindern zu lauschen, die Sie im Zweifelsfall auch mit dem entsprechenden Nachdruck auf die Bühne zerren müssen.

**Tip 6:** Erzählen Sie jedem Verwandten, der in Ihre Nähe kommt, was Sie für das Perlenkollier Ihrer Frau bezahlt haben, was der Urlaub auf Barbados gekostet hat und wie viele Tausender Sie für die Kücheneinrichtung hingeblättert haben. Schließlich soll doch jeder wissen, daß Sie sich diesen Familienanschluß „verdient" haben.

**Tip 7:** Verlassen Sie das Familienfest auf jeden Fall als einer der ersten. So geben Sie der von Ihnen tief beeindruckten Verwandtschaft Gelegenheit, sich noch eingehend mit Ihren Eigenschaften als neues Familienmitglied auseinanderzusetzen. Beim nächsten Familientreffen ist dann schon alles viel leichter. Sie werden – mit ein bißchen Glück – gar nicht mehr eingeladen.

*Hier finden sich Anregungen für Überschriften zu den verschiedensten Artikeln. In unseren Vorschlägen gibt es immer eine „Dachzeile“, eine „Hauptüberschrift“ und eine „Unterzeile“. Natürlich müssen nicht immer alle drei Überschriften verwendet werden. Man kann auch nur zwei oder nur eine auswählen – oder z. B. auch die „Dachzeile“ mit der Hauptüberschrift eines anderen Vorschlages kombinieren.*

Einmaliges Ereignis:

**Welt-Familientreffen**

Unsere Sonderkorrespondenten berichten

**Die Bundesregierung schickt Glückwünsche**

Eine Familie, die immer größer wird

**Der Bundeskanzler: Vorbildliches bevölkerungspolitisches Verhalten!**

Poker und „17 und 4“ sind verboten aber:

**Ringelpiez mit Anfassen ist erlaubt**

Die neuen Gesellschaftsspiele für die ganze Familie

**Alarm! Familienoberhaupt droht:**

**Wenn wir kommen, bleibt kein Auge trocken**

**Ein Insider: Die Kehlen erst recht nicht**

**Wenn es Nacht wird in Deutschland:**

**Der Familien-Report**

**Ein Insider berichtet**

***Unsere Jungen sind zu faul!***

**Wo bleibt der Nachwuchs?**

***Eine Familie droht zu vergreisen***

Schlemmen, Schlucken, Schieber tanzen:

Die Nacht der Nächte

Einlaß nur für Familienmitglieder zwischen 0 und 99 Jahren

**Kein Saal ist groß genug:**

**Hilfe!**

**Wir werden immer mehr!**

**Familie wächst und wächst und wächst...**

**Teuflisch gut und einfach himmlisch**

***Dream Team trifft sich***

**Gemeinsam sind wir nicht zu schlagen**

**Bombendrohung! Erpresser:**

**Ich schick' Euch eine Eisbombe!**

**Familie bleibt gelassen: „Die essen wir einfach auf!“**

Ein paar Anmerkungen, die nicht im Duden stehen:

# Was alles zur Familie gehört

***Familienalbum:*** eine Art Tagebuch, bei dessen Betrachtung vergessene Erinnerungen wieder wach werden. Vorsicht: zeigt, wie schnell die Zeit vergeht und wie unvorteilhaft vergangene Moden waren!

***Familienangelegenheiten:*** sind alle Dinge, die Fremde grundsätzlich nichts angehen, aber jeden brennend interessieren.

***Familienanschluß:*** kann bei Verlobung und Hochzeit großzügig gewährt werden, muß aber nicht.

***Familienbesitz:*** ist wie Sozialismus – alles gehört niemandem.

***Familienbild:*** ist ein Foto, auf dem grundsätzlich einer Faxen macht, die Augen gerade geschlossen hat oder besonders dumm guckt.

***Familienfeier:*** eine Veranstaltung, auf der viel gegessen, getrunken, gelacht – und noch mehr gestritten und gelästert wird.

***Familienflasche:*** ist eine wenig nette Umschreibung für das erfolgloseste Familienmitglied.

***Familienforschung:*** ist eine zeitraubende Beschäftigung, bei der versucht wird, wenigstens einen Urahn zu finden, der es zu einiger Berühmtheit gebracht hat. Zur Not darf er auch ruhig ein Schurke gewesen sein.

***Familiengesetzbuch:*** ist das ungeschriebene Gesetz, das von der Hausfrau aufgestellt wird.

***Familiengrab:*** der einzige Ort, an dem sich die dort Versammelten auch über Jahre hinweg garantiert nicht mehr streiten.

***Familienleben:*** findet dort statt, wo man sich nicht mehr über den Chef, sondern über die miesen Schulnoten der Kinder ärgert.

***Familienmitglied:*** wird man durch Geburt oder Heirat, im zweiten Falle mehr oder weniger freiwillig.

***Familienplanung:*** geht oft daneben, das freut dann die Bevölkerungspolitiker.

***Familienlastenausgleich:*** Zuwendungen der Großeltern an die Enkel.

***Familienname:*** kann eine Last sein („Dümmlich"), ein Versprechen („Reich") oder eine Wohltat („Flick, Ford, Rothschild").

***Familienoberhaupt:*** ist nicht immer der, der sich dafür hält.

***Familienpackung:*** anderer Ausdruck für den Familien-Pkw.

***Familiensinn:*** die Kunst zu lächeln, wenn man den anderen eigentlich verprügeln möchte

***Familienvater:*** ein Typ, den man daran erkennt, daß er immer freiwillig Überstunden macht.

***Familienverhältnisse:*** sind für Außenstehende oft schwer zu durchschauen und für Insider nach außen schwer zu wahren.

**Ein kleiner Knigge für die Feier:**

# Vorüber man lieber nicht sprechen sollte

Familienfeier, Sippentreffen – Friede, Freude, Eierkuchen! Wenn sich alle versammeln, soll es fröhlich zugehen, es soll gegessen, getrunken, geklatscht und getanzt werden. Damit es wirklich ein fröhliches Fest wird und bleibt, sollten in allen Gesprächen einige Themen grundsätzlich vermieden werden.

**Politik:** Es soll schon vorgekommen sein, daß sich ganze Sippenverbände bei diesem Thema plötzlich in radikale Fraktionen aufgespalten haben. Wegen solcher Diskussionen werden regelmäßig Testamente geändert...

**Sex:** Wer mit wem? Und dann auch noch unverheiratet? Was, das ist deine Tochter? Vorsicht: Da drohen Sippenprügel!

**Ausbildung:** „Nee, daß der das Abitur geschafft hat! Da kannst du mal sehen, auch das ist heute nichts mehr wert." Sie können sicher sein, daß der stolze Vater Ihre Bemerkung in spätestens 20 Minuten brühwarm erzählt bekommt. Hoffentlich hat er dann nicht schon ein Bier zu viel getrunken!

**Beruf:** Von manchen, vor allem von den näheren Verwandten, kennt man ihn ja. Aber bei den anderen? Für Sippentreff-Neulinge: Sie werden feststellen, daß es keine untergeordneten berufliche Positionen bei gibt. Alle sitzen in Führungspositionen. Einziges Gegenmittel: auch flunkern – oder gleich das Thema vermeiden!

**Einkommen:** Weil wir schon mal bei der Lüge sind: Auch die eigene Sippe macht da keine Ausnahme. Nirgendwo wird so sehr gelogen wie bei der Höhe des Einkommens. Bevor Sie Komplexe bekommen, sagen Sie den Zehntausend-Mark-netto-im-Monat-Verdiener gleich, es würde ihm nicht helfen, wenn er die halbe Welt kaufen könnte: Sie verkaufen nicht!

**Der abgeschlossene Roman:**

## Die Begegnung

*Kalter Angstschweiß stand ihm auf der Stirn. Über Hunderte von Kilometern hatte sie ihn verschleppt. Heute würde er sich stellen müssen. Kein Flehen hatte geholfen, er hatte Termine vorgeschoben, eine schwere Magenverstimmung simuliert, gebettelt, gedroht. Doch unerbittlich war der Tag näher gerückt. Was würde passieren?*

*Dutzende von Augenpaaren würden ihn mustern. Er kam sich klein und hilflos vor. Doch sie kannte keine Gnade, riß die Tür auf, zog ihn hinter sich her, knuffte ihn in die Rippen – und verkündete der gesamten versammelten Familie stolz: Das ist er, mein Verlobter!*

Jugendsprache leicht gemacht

# WENN OMA DEN ENKEL NICHT VERSTEHT...

Von unserem Korrespondenten R. Funden aus Teeny-County

IN DEN HIESIGEN DISKOTHEKEN IST ES LÄNGST EIN OFFENES GEHEIMNIS:
DIE SCHLEICHENDE SPRACHLICHE VERGREISUNG BEGINNT HEUTE SPÄTESTENS MIT 25 JAHREN! DESHALB KOMMT ES IMMER HÄUFIGER VOR, DASS „OLDIES" UND „GRUFTIS" AUF DER „FAMILY-FETE" DEM NACHWUCHS ZWAR ZUHÖREN, ABER NUR BAHNHOF VERSTEHEN.
UM WENIGSTENS EINE RUDIMENTÄRE KOMMUNIKATION ZWISCHEN DEN GENERATIONEN MÖGLICH ZU MACHEN, KURSIEREN DESHALB HIER SEIT KURZEM LISTEN MIT DEN ÜBERSETZUNGEN DER WICHTIGSTEN „FACHBEGRIFFE" AUS DER JUGENDSPRACHE.

HÄUFIG VERWENDETE BEGRIFFE WURDEN IN DER FOLGENDEN LISTE ZUSAMMENGESTELLT, OHNE ANSPRUCH AUF VOLLSTÄNDIGKEIT. FREMDWÖRTER HABEN WIR DES BESSEREN VERSTÄNDNISSES WEGEN GLEICH ENTSPRECHEND IHRER AUSSPRACHE BERÜCKSICHTIGT.

**ABSPACEN:** sich freuen, etwas Wahnsinniges erleben oder machen, abheben

**ÄCKTSCHN:** da ist ‘was los, da springt dir der Draht aus der Mütze

**AFFENGEIL:** klasse, prima, (Steigerung: oberaffengeil, turbogeil usw.: hervorragend)

**ANGRABEN:** Versuch, jemanden kennenzulernen oder „herumzukriegen“

**ANMACHE:** eindeutig-zweideutiges Angebot oder drohende Kraftmeierei: „Mach mich nicht an!“

**BAGGERN:** flirten

**BEDRÖHNEN:** kann man sich mit Alkohol, mit Rauschgift oder auch nur mit lauter Musik

**BRUTALO:** Oma würde ihn einen Grobian nennen

**COOL (OBER..., TURBO...):** nett, hübsch, erfreulich

**DÖDEL:** ein dummer Mensch

**ELCH:** Wüterich

**FLATTERMANN:** Feigling, dem „die Muffe geht“

**GALAKTISCH:** noch besser als turbogeil oder -cool

**GEIL:** gut, schön

**GESCHNALLT:** begriffen (begriffen?)

**GESÜLZE:** Unterhaltung zwischen oder mit „Oldies“ und „Grufties“

**GRUFTI:** siehe Mumie

**HIP:** bedeutend

**IISIE (EASY)**: einfach, schlicht

**IRRE:** ansprechend, aber nicht so hip wie cool

**KNACKEN:** schlafen

**KONNÄKSCHN:** Beziehungen, Verbindungen

**LASCHI:** etwas überforderter Teenager

**LULLE:** Zigarette

**MEGA...:** wieder eine Steigerungsform, z.B. bei mega-out, mega-in

**MUMIE:** Eltern, Großeltern, Erwachsene überhaupt, aber auch 20jährige, die sich in eine Kinderdisko verirren

...ODER WAS?: Satzende, mit dem jemandem ein Gespräch aufgezwungen werden soll

PALETTI: gut, in Ordnung

PFANNE: Gehirn, Köpfchen

RAFFEN: verstehen

RATTENSCHARF: erspart die zweimalige Verwendung von „turbogeil"

SCHALTFEHLER: Irrtum, Gehirnzellen-Kurzschluß

SCHIZZO: Idiot

TURBO...: Steigerung des folgenden Wortes

TUSSI: Frau

TORTE: hübsche Frau

ULTRA...: noch 'ne Steigerungsform.

VERSIFFT: schmutzig, schmierig

ZOFF: Streit

**Wenn Sie etwas Nettes sagen wollen:**

# Vorsicht! Gefährliche Gespräche

Sie möchten ein paar Schmeicheleien und Komplimente anbringen? Ein paar Bemerkungen über Dritte? Wie schön! Da kommt Freude auf, das hebt die Stimmung und die Selbstachtung. Doch Vorsicht! Nicht alles ist so gemeint, wie es sich anhört, wenn man nicht ganz genau hinhört; und es gibt Fragen, die man lieber nicht stellen sollte. Auch was einem selbst so über die Lippen kommt, kann böse daneben gehen:

### *„Mein Gott, du hast Dich ja überhaupt nicht verändert!"*

Mit dieser Bemerkung springen Sie voll ins Fettnäpfchen, wenn der oder die so Angesprochene sich gerade mühsam 25 Kilo vom Leib gehungert hat.

### *„Ich habe mich schon das ganze Jahr darauf gefreut, Euch wiederzusehen!"*

Ein schlechtes Gedächtnis kann peinlich sein, wenn man beim letzten Treffen einen richtig deftigen Streit miteinander hatte.

### *„Wer war denn die Dicke da hinten noch mal?"*

Die Frage kann zum bösen Eigentor werden, wenn der so Gefragte lapidar antwortet: „Meine Frau!" Versuchen Sie, unbemerkt die Feier zu verlassen...

### *„Du scheinst ja gar keine Figurprobleme zu haben."*

Dieser Satz klingt nett – aber wehe, die Angesprochene versteht das als Anspielung darauf, daß sie dasselbe Kleid schon vor vier Jahren getragen hatte.

### *„Und was macht... (dein toller Job, deine hübsche Freundin...) ?"*

Verkneifen Sie sich solche Fragen – denn was soll der Mensch sagen, wenn er gerade achtkantig vom Chef gefeuert oder von der tollen Freundin verlassen wurde?

### *„Du sieht deinen Eltern immer ähnlicher."*

Vergessen Sie dieses Kompliment. Statt dessen könnten Sie auch gleich sagen: „Du wirst immer älter."

# Der Stammbaum der Familie

# Der Stammbaum Der Stammbaum

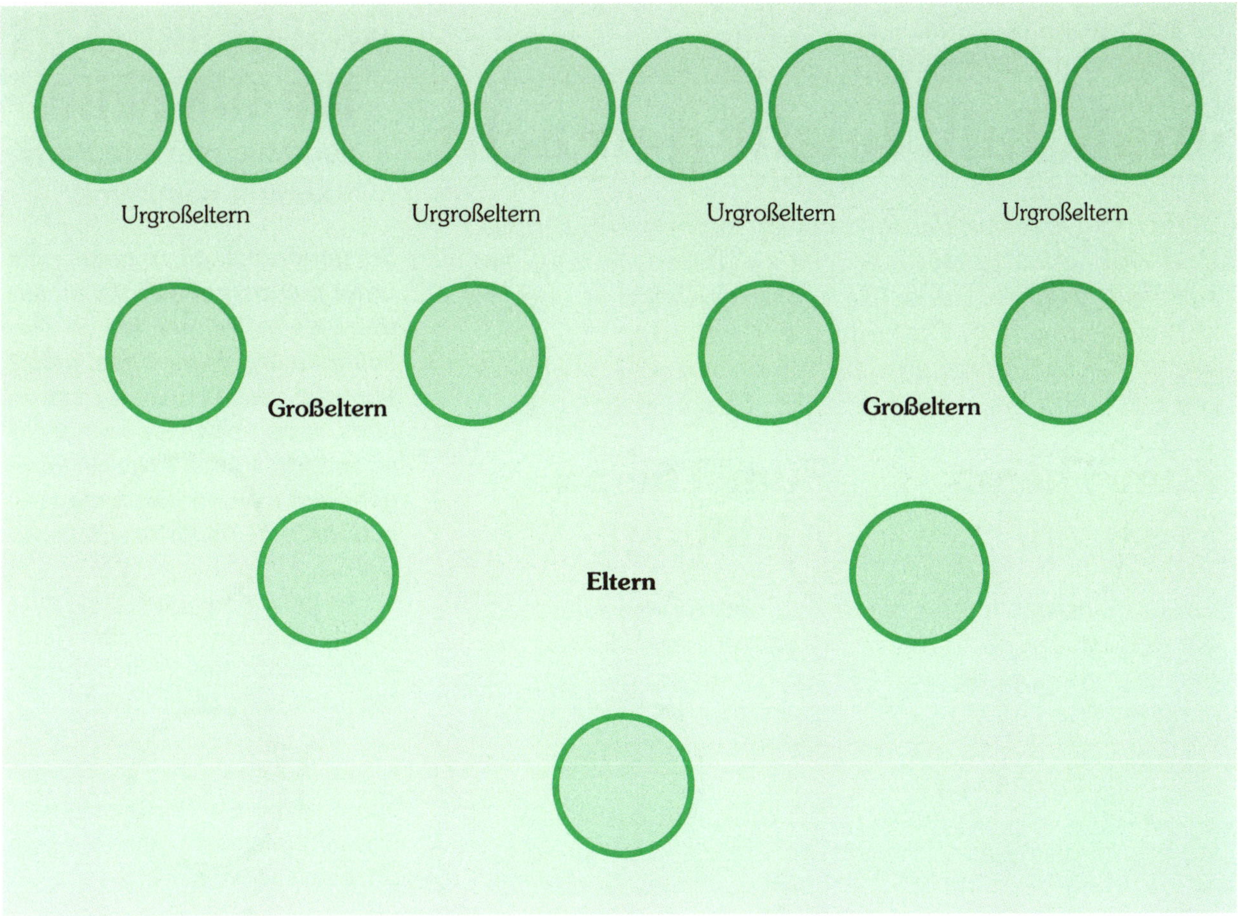


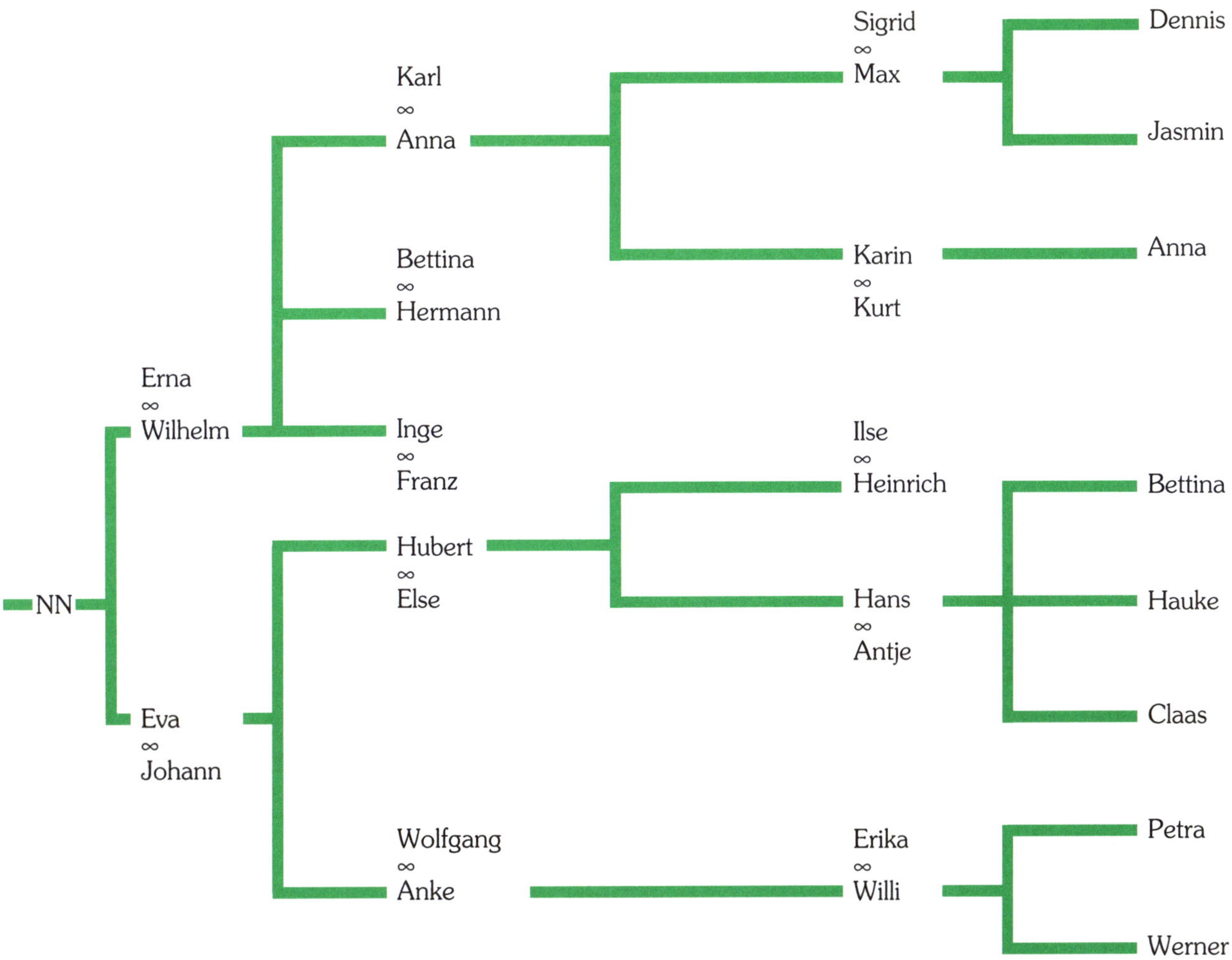

*Wenn sich alles um Kleider und Frisuren dreht*

# Small Talk leicht gemacht

*Manchmal ist es verdammt schwer, einen guten Einstieg in die üblichen Partygespräche zu finden. Am leichtesten fällt es noch, zunächst mal über Kleidung und Frisuren zu sprechen. Da kann jeder mitreden.*
*Wenn Ihr Satz garantiert Gehör finden soll, probieren Sie's doch mal mit den folgenden Gesprächseinstiegen:*

## Zum Thema Frisuren:

„Dein Haarschnitt ist ausgezeichnet. Ich hatte mal eine Badekappe, die sah genauso aus."

„Ich finde deine Frisur wirklich noch in Ordnung. Ich war neulich beim Friseur und bin auch nicht drangekommen."

„Sag' mal, wie lange mußt du denn eigentlich diese Perücke noch tragen?"

„Wegen deines Haarschnitts mußt du dir keine Sorgen machen – den Prozeß gegen den Friseur gewinnst du garantiert."

„Deine Frisur ist toll. Wie dein Friseur das ohne Brille und mit zwei gebrochenen Händen hinbekommt, ist mir ein Rätsel."

## Zum Thema Kleidung:

„Ich bewundere schon den ganzen Abend deinen Anzug. Kaum zu glauben, was andere Leute in die Altkleidersammlung geben."

„Ist das nicht die Wahnsinns-Bluse, die es neulich bei Ramsch & Plunder im Sonderangebot gab?"

„Dein Pulli ist wirklich schön. Aber kann es sein, daß dir die Schulterpolster auf den Bauch gerutscht sind?"

„Einfach schick, dein neues Kleid. Aber hatten sie denn keins mehr in der passenden Größe?"

„Klasse Outfit! Hast du auf dem Flughafen schon wieder einen fremden Koffer vom Band genommen?"

# Geschenke-Tips für alle Fälle

**– denn die nächste Party kommt bestimmt!**

***Sie gehören auch zu denen, die unter mangelnden Einfällen leiden, wenn es um kleine Geschenke und Mitbringsel geht? Weil die Leute entweder schon alles haben oder Sie kein Geld ausgeben wollen? Na, da kann geholfen werden. Wir haben die schönsten Tips für alle Fälle:***

- Für unseren müden Opa: eine Funkfernsteuerung für den Herzschrittmacher, mit der sich dessen Frequenz verdreifachen läßt.

- Für Tante Frieda: ein Skateboard, damit der Bauch von ihrem Dackel Waldi nicht mehr auf dem Boden schleifen muß.

- Für Onkel Rudi: einen Zehn-Liter-Eimer, damit er endlich ein Bier-Trinkgefäß hat, welches nicht alle zwei Minuten nachgefüllt werden muß.

- Für Vati: einen Taucherhelm, damit Mama nachts nicht mehr so unter seinem Schnarchen leidet.

- Für Mama: eine Gasmaske, damit sie nachts nicht mehr so unter Vatis Bierfahne leidet.

- Für die netten Nachbarn mit dem streunenden Hund: fünf Quadratmeter vom letzten Minenfeld.

- Für Tante Ursel: ein Diät-Eßbesteck, bestehend aus einem einzigen chinesischen Eßstäbchen.

- Für Vetter Erwin mit der großen Klappe: eine Schnabeltasse, aus der er demnächst seine Brötchen lutschen kann.

# Der Wetterbericht zum Familientag

**Heute:** Die Großwetterlage verspricht ein anhaltendes Hoch. Allerdings ist zwischendurch mit anhaltenden Glückwunschniederschlägen von nicht anwesenden Familienmitgliedern zu rechnen. Auch vereinzelte atmosphärische Störungen durch entfernte Vettern und Cousinen und Geistesblitze angeheirateter Verwandter sind zu erwarten. Außerdem ist mit starkem Geschenke-Regen und Reden voller Blitz und Donner zu rechnen.

**In der späten Nacht** ist es dann zunehmend lustvoll schwül. Die Luft ist erotisch aufgeladen, vor allem bei der tanzfähigen und -lustigen Jugend.

**Morgen früh:** Am Horizont ist eine allgemeine Alkohol-Dunstglocke auszumachen. In einigen Fällen ist sogar damit zu rechnen, daß die Luft völlig 'raus ist. Aber die Wetterlage verspricht, sich im Laufe des Tages allgemein wieder aufzuhellen. Vereinzelte Nachwirkungen klingen gegen Mittag wieder ab. Auch die Schwüle der Nacht wird jetzt abklingen, allerdings bleiben bis zum Abend über einigen Köpfen dunkle Wolken hängen, die zum Teil ausgesprochene „Katerformen“ haben.

**Nachmittags:** Der Horizont wird weiter und weiter. Glücksstrahlen fallen auf die feiergesättigte Erde. Abgesehen von vereinzelt auftretenden Donnerwettern ist die Luft klar und rein. Jeder Tag verspricht Glück und Sonnenschein, und die Wolkenfamilie wächst mit der Zeit.

**Die Abschiedsstunde:** Jetzt erleben wir Hochs und Tiefs im steten Wechsel. Prasselnde und sanftrieselnde Niederschläge werden unterbrochen durch immer wiederkehrende Zwischenhoch-Einflüsse. Im Laufe der Zeit wird sich eine gemäßigte Großwetterlage einstellen.

**Zum Abschied** – Verzeihung: zum Abend hin zieht eine ortsfeste Schönwetterfront auf, die bis zum nächsten Familientreffen hält.

# Das große TV-Wunschprogramm für die ganze Familie

***Auch auf der schönsten Feier gibt es irgendwann einen „toten Punkt“. Damit dann keine Langeweile aufkommt, haben wir unsere TV-Redaktion um Empfehlungen gebeten.***
***Der Tip: Holen Sie sich die folgenden Streifen rechtzeitig aus der Videothek.***

### Frühstück bei Karstadt
– Tante Friedas Wettrennen um die preiswertesten Unterhosen aus dem Sommer-Schlußverkauf.

### Der Rosenkrieg
– Anregungen für den nächsten Ehekrach mit Spezialtips für Gourmets: Wie serviert man Fisch in pikanter Soße, und auf welche Weise läßt sich ein Hund servieren. Dazu praktische Anregungen für Heimwerker: Wie wechselt man Glühbirnen am Kronleuchter aus.

### Wer hat Angst vor Virginia Woolf
– eine neue Folge aus der Reihe „Wie stellt man seinen Eltern einen Punker als Schwiegersohn vor.“

### Hunde, wollt ihr ewig pokern
– der dramatische Thriller über eine Hausfrau und ihre verzweifelten Versuche, zu nächtlicher Stunde die Haushaltskasse vor dem Zugriff der Skatrunde zu schützen.

### Spiel mir das Lied vom Tod
– Familiensaga über den Mordversuch an Erbtante Paula, die auch nach dem achten Stück Napfkuchen noch immer nicht an einem Krümel ersticken wollte.

### So weit die Füße tragen
– Onkel Erwins dramatische Erlebnisse mit einer mitternächtlichen Alkoholkontrolle der Polizei – und wie er zum Fußgänger wurde.

### Tanz der Vampire
– erregende Bilder und dramatische Action-Szenen vom letzten Familientreffen.

### Vom Winde zerlegt
– Dokumentarfilm über den ersten Familienurlaub mit Bildern vom Zusammenbruch des Hauszeltes.

### High Noon
– Spannende Szenen in der Mittagszeit: Mutters Versuch, vor dem Besuch des Gerichtsvollziehers den Fernsehapparat im WC-Spülkasten zu verstecken.

### Der dritte Manta
– PS-Spektakel über den 18jährigen Großneffen und seine zwei gescheiterten Versuche, das erste eigene Auto heil aus der Garage zu fahren.

### Salz auf unserer Haut
– Bestseller-Verfilmung: Die romantischen Erinnerungen an ein Frühstück im Ehebett und den verzweifelten Versuch, ein Ei zu würzen.

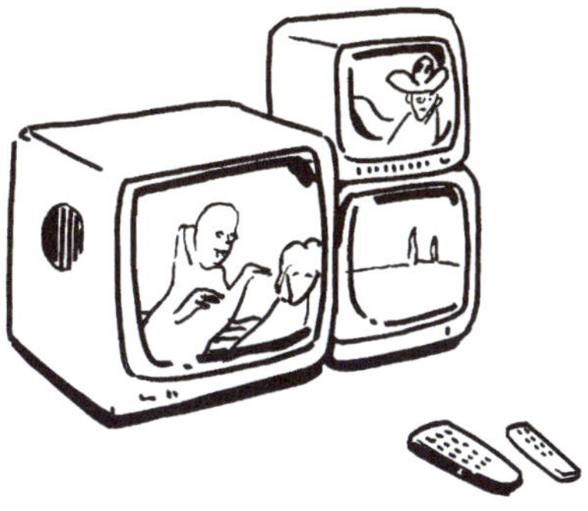

# Zitate und Sprüche

Man muß
bei Verwandten wissen,
bis wohin man
zu weit gehen
kann

**Nachbarn
kann man sich
aussuchen,
Verwandte
nicht**

Viele Leute meinen,
wenn sie einen Fehler
erst einmal eingestanden
haben, brauchen sie ihn
nicht mehr abzulegen

**Stammbäume
sind die einzige Baumart,
die gelegentlich Grund hätte,
ihre Wurzeln zu verbergen**

**Nehmt die Menschen
wie sie sind,
andere gibt's nicht**

(Konrad Adenauer)

Ein Spiegel ist besser
als eine ganze Reihe Ahnenbilder

Manche Leute glauben alles,
wenn man es ihnen nur zuflüstert

Es sind
die Begegnungen
mit Menschen,
die das Leben
lebenswert
machen

(Guy de Maupassant)

– von Verwandten
hat er nichts gesagt

**Blut
ist ein ganz besondrer
Saft**

(Johann Wolfgang von Goethe)

*Nicht da
ist man daheim,
wo man seinen Wohnsitz hat,
sondern wo man verstanden wird*

*Christian Morgenstern*

Beim Klatsch kommt es nicht auf den Kern der Sache an, sondern auf die Einzelheiten

(Grete Weiser)

*Feine Leute sind solche, die nur in feiner Umgebung ordinär werden*

*(Wolfgang Herbst)*

Einigkeit macht stark –
aber meistens auch blind

**Vereint sind auch die Schwachen mächtig**

(Friedrich von Schiller)

Ganz aufgehen in der Familie
heißt ganz untergehen

(Marie von Ebner-Eschenbach)

Ich verabscheue meine Verwandtschaft. Das kommt vermutlich daher, daß unsereins es nicht ausstehen kann, wenn andere Leute dieselben Fehler haben wie wir

(Oscar Wilde)

**Blut ist dicker als Wasser**

**Umgangſformen ſind Formen, die zunehmend umgangen werden**

(Oliver Hassencamp)

Die Familie ist es,
die in unseren
Zeiten not tut

(Adalbert Stifter)

*Rotwein ist für alte Knaben eine von den besten Gaben*

(Wilhelm Busch)

Der Wein ist geschaffen, daß er die
Menschen soll fröhlich machen

# Bierzeitungen und andere Gelegenheiten

**Dazapft is!**

**Fachblatt für den niederbairischen Hirschen**

# BIER ZEITUNG
## SORTENUNABHÄNGIG

Mancher mag vielleicht gar nicht so recht einsehen, für welchen Zweck diese Spezies von Sonderausgaben gedacht sein mag. Nun: Das ist ja gerade der besondere Reiz daran. Sie sind eigentlich absolut überflüssig, machen aber ganz viel Spaß – denn hier darf der Phantasie und dem Hang zum Herumblödeln erst recht freier Lauf gelassen werden. Und um die eben versteckte Frage nach dem „Wofür" zu beantworten: Diese Blätter sind für jeden und keinen Anlaß gedacht.

Sie entstehen oft dann, wenn ein „Redaktionsteam" eine Zeitung gerade fertiggestellt hat, zum Beispiel zum Jubiläum oder zu einer Hochzeit. Und dann stellt man fest, daß einem die besseren oder besten Ideen kommen, wenn das eigentlich in Angriff genommene Blatt schon durch den Kopierer gejagt oder sogar verteilt ist.

Was tun mit all diesen guten Idee, mit den Resten, für die kein Platz mehr war? Und wohin mit der Energie, die beim Redaktionsteam jetzt erst so richtig geweckt ist? Einfach aufhören mit dem Spaß? Von wegen! Jetzt wird das Zeitungsmachen zum vergnüglichen Hobby. Also: Recycling ist „in", da machen wir doch einfach etwas Neues aus den Resten – und lassen uns gleich noch diesen und jenen frischen Spaß dazu einfallen. Anlässe gibt es schließlich genug: Wir machen einfach

- das Extrablatt zur Grillparty bei Schindlers von gegenüber,
- die Sonderausgabe zur Einweihung des Garagenneubaus von Eckhardt,
- die Festzeitschrift zum Richtfest bei den ehemaligen Nachbarn,
- das Bauernblatt zum Erntedankfest in Freds Kleingartenkolonie,
- die Boulevardzeitung zum Straßenfest in der St.-Mathias-Klosterallee,
- die Fachzeitschrift zur bestandenen Meisterprüfung eines Cliquenmitgliedes,
- die Nachtausgabe zur Einweihung der neuen Zapfanlage in unserer Stammkneipe (damit wir dem Begriff Bierzeitung endlich mal gerecht werden),
- die erste tiefer gelegte Autozeitung der Welt zur Führerscheinrückgabe durch das Kreisverwaltungsamt an unseren Zechkumpan Gerald (der jetzt angeblich nur noch nüchtern fahren will, hicks),
- den Schwarzwälder Kirschwasser-Boten zur Einweihung von einer Kellerbar oder
- den Vogel-Kurier zum 5. Geburtstag von Werners Wellensittich.

Sie sehen, es gibt immer einen Anlaß – und wenn nicht, dann denkt man sich halt einen aus. Denn hier steht der Spaß im Vordergrund. Das Zeitungsmachen wird jetzt ausschließlich zu einem fröhlichen Freizeitvergnügen. Und es bleibt dem wahrscheinlich schon eingeschworenen Redaktionsteam überlassen, ob man den Gastgeber einer Feier (oder sollte man besser vom Opfer sprechen?) überhaupt hinzuzieht und ihm vorher verrät, was man zum Beispiel in seinem Partykeller zu verteilen gedenkt.

### Was gehört in die Bier- oder Witzzeitung?

Hier ist Platz für jede Art von Blödelei, für jeden verrückten Einfall – und viel eher müßte deshalb die Frage lauten: Was darf nicht in diese Zeitung hinein? Denn so sehr auch für das Redaktionsteam der Spaß im Vordergrund stehen soll – die Leser sollen ebenfalls Spaß haben.

Die Redaktion sollte sich deshalb Selbstbeschränkung auferlegen: Nicht jeder Scherz ist wirklich für alle witzig. Was der eine noch als lustig empfindet, ist für den anderen schon ein derber Schlag tief unter die Gürtellinie. Und wenn irgend jemand den Inhalt des Blattes als verletzend empfindet, dann wird aus dem Spaß endgültig Ernst: Das Presserecht und andere Vorschriften, die den Schutz der Privatsphäre garantieren und unwahre oder beleidigende Äußerungen in der Öffentlichkeit verhindern sollen, gelten nämlich auch für Bierzeitungen.

Aber es gibt ja ausreichend „harmlose" Inhalte für eine Witzzeitung:

- Lustige Verhaltensregeln für die gemeinsame Feier,
- Nonsens-Nachrichten, die in total ernsthaftem Ton nichts als Blödsinn enthalten,
- echte Kommentare von falschen Wissenschaftlern zur Lage der feiernden Nation und an der Thekenfront,
- verulkte Zitate oder witzige Reime und Gedichte,
- Kleinanzeigen („Verloren: Gedächtnis, wenig gebraucht, kam bei Zechtour abhanden. Abzugeben bei..."),
- Kneipen- oder Thekensprüche und
- natürlich Witze – ob getextet oder mit Zeichnungen.

***Partygespräche – der Baukasten hilft: Nirgendwo wird innerhalb so kurzer Zeit soviel belangloser Unsinn dahergeredet wie auf Partys. Wichtig ist nicht, was man sagt, sondern daß man bei jedem Thema mitreden kann. Und noch wichtiger ist, daß die anderen nicht plötzlich Gegenrede erheben oder die Richtigkeit der eigenen Aussagen anzweifeln.***
***Die Kunst ist es deshalb, etwas zu sagen, worauf niemandem etwas einfällt. Aber das, was man sagt, muß sich ungeheuer klug anhören. Wie man das anstellt? Ganz einfach: Mit unserem Party-Kauderwelsch-Baukasten.***

# Hauptsache, es klingt intelligent!

In der folgenden Tabelle haben wir Baustein-Wörter aufgelistet, die Sie in der Reihenfolge „Baustein 1, Baustein 2, Baustein 3" beliebig miteinander kombinieren können. Das Ergebnis klingt immer gut, wichtig – und niemand wird sich trauen, Widerrede zu üben.

Probieren Sie's einfach mal aus:

| Baustein 1 | Baustein 2 | Baustein 3 |
|---|---|---|
| Antizyklische | Aktionismus- | Parameter |
| Hyperfunktionelle | Audiovisions- | Philosophien |
| konsumorientierte | Eruptions- | Potenzierung |
| Kontraproduktive | Integrations- | Sensorik |
| Mikroanalytische | Kollektivitäts- | Strategien |
| Monodynamische | Multiplikations- | Strukturen |
| Multinationale | Organisations- | Synergien |
| Nonkonformistische | Perspektiv- | Taxation |
| Psychologische | Situations- | Theorien |
| theoretische | Ventilations- | Varianten |

*Worauf es bei der Begrüßung ankommt*

## Es gilt als unfein,...

... bei der Begrüßung beide Hände in den Jackentaschen zu behalten. Die Hände gehören in die Hosentaschen.

... die freundliche Frage: „Wie geht's?" mit „Gestern ging es noch!" zu beantworten.

... einen Handkuß zu zelebrieren, ohne dabei die Zigarette aus dem Mund zu nehmen.

... bei der intimeren Variante, dem Zungenkuß, den Kaugummi vorher nicht zu entfernen. Achtung: nicht in der Hand behalten! Besser ist es, ihn unauffällig in der Sakkotasche des Nebenmannes verschwinden zu lassen.

... lauthals quer durch den Saal einen Kumpel an die letzte gemeinsame Zechtour oder die letzte „richtig tolle" Feier zu erinnern.

... vom Begrüßungscocktail vier Gläser nacheinander hinunterzustürzen. Man kann allerdings den Kellner anweisen, doch gleich eine ganze Flasche zu bringen.

## Der abgeschlossene Erotik-Thriller

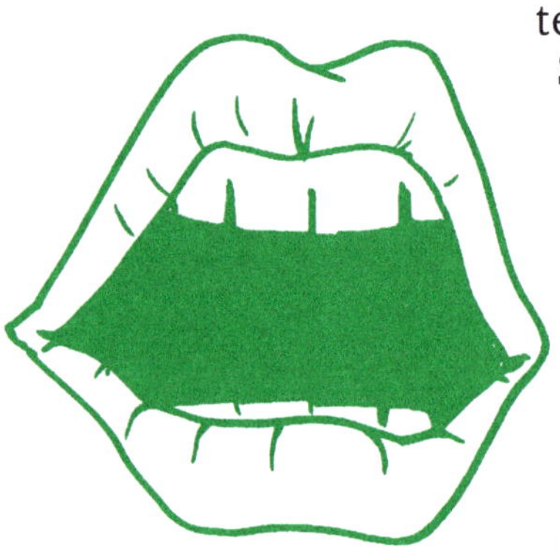

Sie fühlte sich wie betäubt, hörte seine Stimme wie durch eine Wattewand. Auf seiner Stirn hatten sich Schweißperlen gebildet. Sein Atem ging stoßweise. Und seine Worte klangen abgehackt: „So tief ... ja ... jetzt ... oh ... ah ..."

Sie hatte das Gefühl, jede seiner Bewegungen von den Zehenspitzen bis in die Haarwurzeln zu spüren. So etwas hatte sie noch nie erlebt. Für sie war es das erste Mal.
Sie wollte etwas sagen. Aber wie sollte das gehen, wo er doch so tief in ihrem Mund...

In diesem Augenblick beugte er sich vor, seine Augen glänzten und ein entspanntes Lächeln zog sich über sein Gesicht. „Ja, jetzt kommt's. Oh..."

Dann richtete sich der Zahnarzt auf und hielt ihr den Weisheitszahn hin. „Der saß wirklich verdammt tief. Aber jetzt haben wir den Burschen."

***☛ Kennen Sie das Problem? Man sitzt in fröhlicher Runde, es wird herumgeblödelt und gealbert – aber die besten und schlagfertigsten Sprüche kommen immer von den anderen? Keine Panik, daß geht nicht nur Ihnen allein so. Schon der amerikanische Schriftsteller Mark Twain hat gesagt: „Schlagfertigkeit ist das, was dir auf dem Nachhauseweg einfällt."***
***Und damit Ihnen genau das künftig nicht mehr passiert, sondern Sie gleich den richtigen Spruch zur Hand haben, finden Sie hier ein paar schlagfertige Bemerkungen zu den verschiedensten Themen.***
***Warten Sie einfach, bis irgend jemand Ihnen das passende Stichwort liefert – und schießen Sie Ihren Satz ab:***

## Schlagfertige Sätze für alle Gelegenheiten

# Schnellkursus für flinke Zungen

☛ Alkohol: „Bei mir verursacht Alkohol immer eine Lederallergie: Jedesmal, wenn ich Alkohol getrunken habe und mit Schuhen einschlafe, tut mir am nächsten Morgen der Kopf weh."

☛ Auto: „Also ich bin nur noch manchmal Autobesitzer. Wenn irgendwo ein Fußballspiel stattfindet, gehört der Wagen nämlich meinem Sohn; wenn irgendwo Disco ist, gehört er meiner Tochter; wenn Donnerstags die neuen Supermarkt-Sonderangebote herauskommen, gehört er meiner Frau – aber wenn er schmutzig, der Tank leer ist oder das Auto in die Werkstatt muß – dann gehört es mir.

☛ Beamte: „Ich wollte auch mal in den Öffentlichen Dienst, bin aber beim Eignungstest durchgefallen: Ich hab's einfach nicht geschafft, am frühen Vormittag innerhalb von zehn Minuten einzuschlafen."

☛ Chef: „Mein Traum wäre es auch, einmal Chef zu sein – andererseits kann ich es aber gar nicht mit meinem Gewissen vereinbaren, ohne Arbeit soviel Geld zu kassieren."

☛ Diät : „Ach, Sie machen eine Diät? Darauf wäre ich nicht gekommen. Ich dachte immer, davon wird man schlank."

☛ Flirten: „Mir ist es bei meinem letzten Flirt genauso gegangen wie dem Baggerfahrer, der neulich in der Innenstadt das Starkstromkabel zerfetzt hat: Kaum hatte ich bei der Frau zu graben angefangen, bekam ich auch schon eine gefunkt."

☛ Gastwirt: „Die meisten Gastwirte könnten auf ganz einfache Art und Weise doppelt soviel Bier ausschenken. Sie müßten nur die Gläser richtig voll machen."

☛ Gewicht (Figur): „Irgendwie muß ich im Urlaub doch ganz schön zugenommen haben. Jedesmal, wenn ich an den Strand kam, haben mich die Leute von der Aktion „Rettet die Wale" wieder ins Wasser gezogen."

☛ Kneipe: „Ich suche mir meine Kneipen immer nach dem Fußboden aus – schließlich möchte ich vorher wissen, wo ich später einschlafe."

☛ Lotto: „Also ich schlafe jetzt jede Nacht mit Brille. Neulich hab' ich nämlich die richtigen Lottozahlen geträumt – und konnte sie nicht erkennen."

☛ Nichtrauchen: „Ich wollte mir das Rauchen mal mit Akupunktur abgewöhnen. Aber das war mir dann zu schmerzhaft, und deshalb hab' ich die Nadeln wieder 'rausgenommen aus den Zigaretten."

☛ Rauchen: „Es stört mich überhaupt nicht, wenn Sie schon rauchen, während ich noch esse. Ich möchte Sie nur bitten, nicht auf meinen Teller zu aschen."

Festordnung:

# 15 strenge Vorschriften

Für das anstehende Fest wird folgende Verordnung erlassen:

**§ 1.** Einlaß wird nur Personen gewährt, die mindestens drei Tage gefastet haben und Durst wie ein kleines Pony mitbringen.

**§ 2.** Zank, Streit, finstere Mienen, „alte Rechnungen“ und Ehe- und sonstige Zwistigkeiten sind unverzüglich an der Garderobe abzugeben.

**§ 3.** Geschenke sind unverzüglich am Eingang auszuhändigen. Geldgeschenke dürfen nur in dezenter Verpackung überreicht werden.

**§ 4.** Schubkarren, Sackkarren, Gabelstapler, Kleinlaster und Autokräne sowie Schwertransporter für größere Präsente sind nach der Geschenkübergabe vor dem Gebäude abzustellen.

**§ 5.** Die Kleidung hat mindestens bis nach dem Festessen geordnet zu sein. Sakkos und Westen dürfen nicht vor dem Nachtisch abgelegt werden; Gürtel und Krawatten sind vor der Mahlzeit zu lockern (und vor dem Tanz wieder zu schließen!)

**§ 6.** Auch bekleckerte Kleider (Seidenblusen und Samtröcke etc.) dürfen nicht abgelegt werden.

**§ 7.** Bei Tisch rauchen nur die warmen Speisen und Getränke.

**§ 8.** Unflätige Witze dürfen erst nach dem ersten Weinbrand erzählt werden – und auch nur dann, wenn keine Kinder oder Damen in der Nähe sind.

**§ 9.** Wer „Dame“ ist, bestimmen die anwesenden Personen weiblichen Geschlechts jede für sich allein.

**§ 10.** Reden dürfen nicht länger als drei Minuten dauern und müssen durch ein dezentes Schlagen an ein gefülltes Glas angekündigt werden.

**§ 11.** Für sich anbahnende Liebschaften übernimmt der Veranstalter keine Haftung. Insbesondere wird darauf hingewiesen, daß für Verlobungen und daraus resultierende Schadensfälle jede Verantwortung abgelehnt wird.

**§ 12.** Verheiratete Damen und Herren sind vor der Veranstaltung deutlich als solche zu kennzeichnen (üblicherweise geschieht dies durch einen kleinen goldenen Ring am rechten Ringfinger!).

**§13.** Tanzen ist Pflicht! Ausgenommen sind lediglich Personen über 90 Jahre, die eine schriftliche Entschuldigung ihrer Eltern vorweisen können.

**§ 14.** Wer sich daneben benehmen will, hat dies vor dem Auftragen der Speisen und Getränke anzukündigen, damit er kostensparend hinausgeworfen werden kann.

**§ 15.** Wer die Feier nüchtern wieder verläßt, wird darauf hingewiesen, daß er in Zukunft mit keiner Einladung mehr rechnen darf.

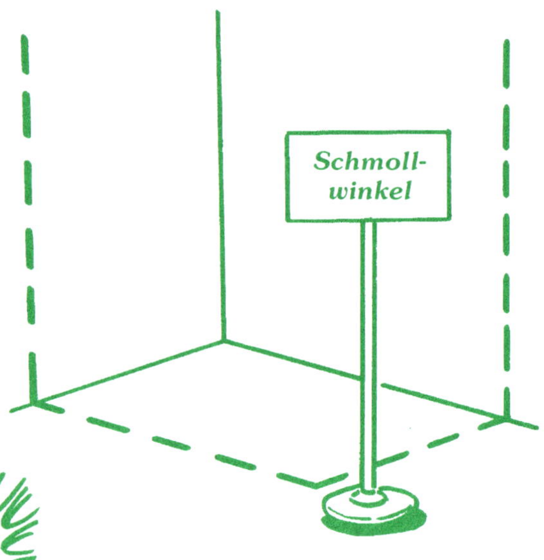


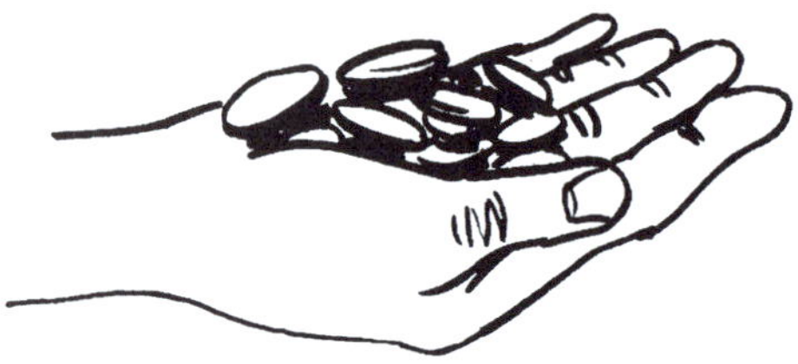

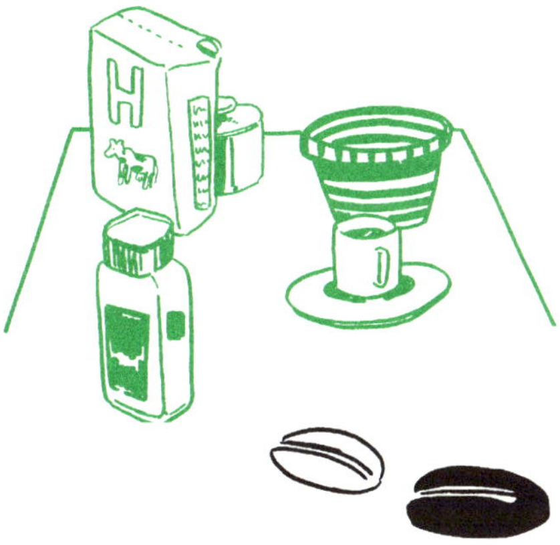


*Wichtige Tips für Partymuffel:*

**Ein richtig gewählter Satz genügt:**

# So werden Sie zur Hauptperson

Sie kennen keinen aus der Gesellschaft? Und niemand nimmt Notiz von Ihnen? Deshalb haben Sie sich jetzt in diese Zeitung vertieft und überlegen krampfhaft, wie Sie entweder unbemerkt verschwinden oder sich in eine der Gesprächsrunden einklinken können? Wir helfen Ihnen! Pirschen Sie sich einfach an eine Gesprächsgruppe heran – und sprechen Sie wahllos jemanden an. Wenn Sie das mit den folgenden Sätzen und laut genug tun, wird sofort jedes andere Gespräch verstummen:

**„Hallo, ich wußte gar nicht, daß die Steuerfahndung dich schon wieder hat laufen lassen...“**

**„Grüß dich, wieso hast du nur deine Frau mitgebracht? Wo sind denn die beiden entzückenden Mädchen, mit denen wir neulich in der Disco waren?“**

**„Hallo, hast du deine Entziehungskur schon hinter dir?“**

**„Hallo, hast du den Prozeß wegen der Unterhaltszahlungen eigentlich gewonnen?“**

**„Seit wann bist du im offenen Strafvollzug?“**

**„Hast du jetzt einen Fahrer? Oder wie bist du ohne Führerschein hierher gekommen?“**

**Verräterisch:**

## Der Kaffee-Typ und die Leidenschaft:

### Instant-Kaffee:
Nichts für Genießer, eher eine Notlösung. Ruck-Zuck - alles schnell, gleich, sofort. Zweckmäßigkeit ist gefragt, *der schnelle* (Koffein-) *Kick.*

### Espresso:
Wer einmal in Rom war, weiß, wie er ist, der Espresso-Trinker: Rein (in die Espressobar), *rauf* (auf den Barhocker, zur Not tut er's auch im Stehen), *runter* (mit dem Espresso, leicht gesüßt oder bitter-herb), *raus* (aus der Bar), alles in allem dauert dieser Vorgang 2 Minuten. Böse Zungen behaupten, der Genuß (des Trinkens) dauert 1 Minute, das Bezahlen noch einmal eine.

### Milchkaffee:
Wer Milchkaffee liebt, hat es gern beschaulich und gemütlich, ja sogar *kuschelig.* Zeit muß man haben, *langanhaltender Genuß* ist gefragt.

### Cappuccino:
Auch hier geht es mit viel Gefühl zur Sache. Geborgenheit, sahnige Süße mit einem *leicht bitteren Nachgeschmack.* Die Augen schließen, sich dem Genuß hingeben, den *siebten Himmel* ahnen.

### Koffeinfreier Kaffee:
Na ja - wer gibt sich schon gerne mit halben Sachen zufrieden? Genuß ohne Reue? *Kein Mut* zum Risiko. Aber eben deshalb ist auch *keine Leidenschaft* zu erwarten.

### Kaffee mit Milch und Zucker:
*Hellbraune Sünde,* süße Versprechung - wer den Kaffee so mag, will alles - und alles jetzt, immer und heute, aber auch morgen und übermorgen. Ein *süß-bitterer Dauerbrenner* – nicht voller Glut, voller Leidenschaft, eher verhalten, *anhaltender Genuß!*

**Wenn Notlügen erlaubt sind:**

# Ausreden für alle Lebenslagen

Als Kinder haben wir zwar gelernt, daß wir immer die Wahrheit sagen sollen. Aber manchmal ist eine kleine Notlüge halt doch der bessere Weg. Denn schließlich lieben wir unseren Partner viel zu sehr, als daß wir ihm die Wahrheit immer offen ins Gesicht sagen mögen. Die folgenden Notlügen wurden vom Ausschuß für schnelle Einfälle mit dem „Goldenen Lügendetektor" ausgezeichnet. Dabei handelt es sich übrigens nur um Ausreden für Männer – weil Frauen nach Ermittlungen des Ausschusses nie lügen. Und wenn doch, lassen sich die folgenden Ausreden leicht abwandeln.

## Zu spät?

Ich bin in eine Verkehrskontrolle geraten, und der Polizeibeamte fand mich so nett, daß er mich auf ein Bier eingeladen hat.
Ich hab' so lange beim Friseur gewartet – und bin trotzdem nicht drangekommen.

## Fremde Haare auf dem Sakko?

Die sind vom Dackel des Chefs. (Achtung: Es gibt keine blonden Dackel!)
Das Haarteil unseres Büroboten löst sich in seine Bestandteile auf.

## Alkoholfahne?

Ich hatte Zahnschmerzen und mußte mit Alkohol gurgeln.
Das ist der neue Raucherentwöhnungskaugummi mit Biergeschmack.

## Lippenstift am Kragen?

Das ist passiert, als ich unserer Putzfrau gratuliert habe.

## Lippenstift am Hals?

Ich wollte dir einen neuen Lippenstift schenken und mußte die verschiedenen Stifte auf ihre Kußfestigkeit prüfen!

## Lippenstift am Bauchnabel?

Sie Idiot! Wenn Sie schon zu blöd sind, hinterher zu duschen, dann suchen Sie sich wenigstens schnell einen guten Anwalt...

***Was Sie noch nicht über Bier wußten:***

# Gleicher Preis – doppelte Wirkung

Natürlich soll immer die Praxis im Vordergrund stehen, denn alle Theorie ist grau. Aber hier läßt sich beides miteinander verbinden: Trinken Sie doch beim Weiterlesen ein gepflegtes Bier!

So, wie es schon vor Hunderten von Jahren fast alle Völker dieser Welt taten. Denn erfunden haben wir es leider nicht, auch wenn manchmal so getan wird.

Der Trick, durch Gärung nicht nur aus zucker-, sondern auch aus stärkehaltigen Rohstoffen hochprozentige Getränke herzustellen, war schon lange vor der Erfindung des deutschen Reinheitsgebots für Bier bekannt.

Wenn schon von hochprozentigen Getränken die Rede ist: Es macht durchaus Sinn, auf den Alkoholgehalt zu achten. Denn der liegt meist zwischen 3,5 (Kölsch, Pilsner, Export, Weizen) und über 6 Prozent (Weizenbock, Doppelbock).

Wer die richtige Wahl trifft, kann also zum gleichen Preis den doppelten Rausch erzielen (spart Zeit). Unter Bierfreunden wird eine so kluge Wahl deshalb auch als „Wirkungstrinken" bezeichnet – im Extremfall auch „Komasaufen" genannt.

Ein verbreiteter Irrtum ist die Annahme, Diätpils mache nicht betrunken. Es hat sogar mit 4,5 bis 5 Prozent einen höheren Alkoholgehalt als das Durchschnittsbier. Altbier (bis 4,2 Prozent), oft als „Knallbier" angesehen, hat meist weniger Alkohol als manche Exportbiere (4,5 Prozent). Und wenn Sie ein echter Biertrinker sind, müßte Ihr Glas jetzt leer sein – also machen wir mit der kleinen Bierkunde auch schon Schluß.

**Das große Preisausschreiben**

## *Eine Million Sofortgewinn!*

## Was ist das?

- Eine Gelegenheit, bei der man seinem Lieblingsfeind unter dem Vorwand, man sei völlig betrunken, mal so richtig die Meinung sagen kann?
- Eine Veranstaltung, für die sich alle besonders fein herausgeputzt haben, um sich dann in den „Sonntagsklamotten" so richtig unwohl zu fühlen?
- Eine Gelegenheit, einmal nicht Kalorien zählen und abstinent leben zu müssen, weil man gegenüber dem Gastgeber nicht unhöflich sein will?

Lösungswort: Feier

Haben Sie richtig geraten? Dann schicken Sie's sofort an die Redaktion. Dem ersten Einsender der richtigen Lösung faxen wir das Geld sofort zu (Barauszahlung ausgeschlossen).

# Zitate und Sprüche

**Im Wein liegt Wahrheit – der Schwindel liegt nur im Etikett**

WEIN
UND WEIBER
SIND
AUF ERDEN
ALLER WEISEN
HOCHGENUSS,
DENN
SIE LASSEN
SELIG WERDEN,
OHNE DASS
MAN
STERBEN
MUSS

Die Höflichkeit
ist nichts anderes als eine
geschickt vorgeschwindelte
Freundlichkeit
(Alexandre Vinet)

Wodka macht aus allen Menschen
Russen

Die besten Vergrößerungsgläser
für die Freuden der Welt sind die,
aus denen man trinkt
(Joachim Ringelnatz)

Gähnen zeugt zwar
von schlechten Manieren,
ist aber eine ehrliche
Meinungsäußerung

**Winket dir
der Wein im Becher,
greife zu und trinke frisch,
aber nicht mit jedem Zecher
setze dich an einen
Tisch**

Geistreich sein heißt,
sich leicht verständlich machen,
ohne deutlich zu werden
(Jean Anouilh)

Die Weise guter Zecher
ist zu früh' und später Stunde,
daß guter Wein im Becher ist
und neuer Witz im Munde

Genießt im edlen Gerstensaft
des Weines Geist, des Brotes Kraft
(Hogarten)

**Aus fremden Schüsseln schmeckt es immer am besten**

Wer da trinket guten Wein,
dem schaut Gott ins Herz hinein

Glück ist der Stuhl, der plötzlich
dasteht, wenn man sich zwischen
zwei andere setzen wollte

**Ist das Bier
im Manne,
ist der Verstand
in der Kanne**

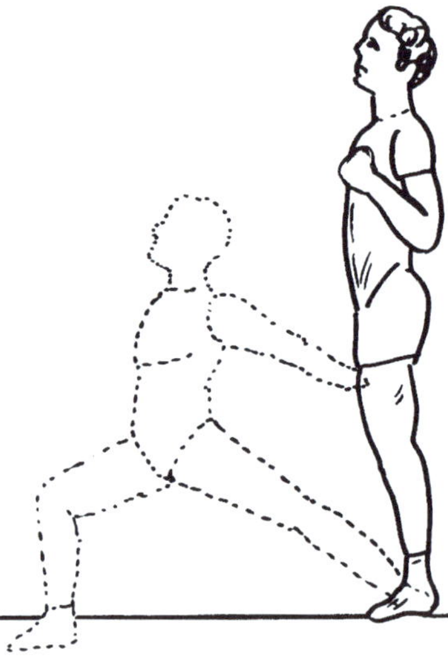

Was wirkliche Toleranz ist, kann man von Rauchern und Zechern lernen. Von denen hat sich noch nie jemand über einen Limonaden-trinker oder einen Nichtraucher beschwert.

**Guten Menschen Gesellschaft zu leisten ist die beste Methode, selbst ein guter Mensch zu werden**
(Cervantes)

Wo ein Genie auftaucht,
verbrüdern sich die Dummköpfe
(Jonathan Swift)

***Ein kluger Zecher steckt sich fein den Schlüssel vom Haus schon morgens ein***

Wo man raucht,
da kannst du ruhig harren:
Böse Menschen
haben nie Zigarren
(Kalisch)

IM WASSER
KANNST DU DEIN
ANTLITZ SEHN,
IM WEIN
DER ANDEREN HERZ
ERSPÄHN

Was dem Schwarm
nicht nützt, das nützt auch nicht
der einzelnen Biene
(Mark Aurel)

Geld ist der sechste Sinn;
der Mensch muß ihn haben,
denn ohne ihn kann er die
anderen fünf nicht
voll ausnützen
(Somerset Maugham)

**Der Mensch hat Nahrungssorgen, Familiensorgen, Fortkommenssorgen, Ehrgeiz, Neurosen – er hat zu wichtigen Dingen keine Zeit**
(Gottfried Benn)

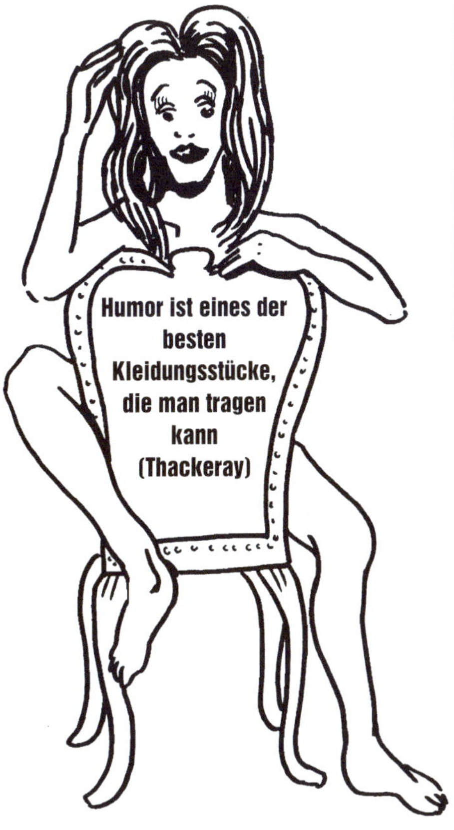


**Etikette ist Gähnen mit geschlossenem Mund**

UM HOLZWEGE ZU TÄFELN, SÄGEN MANCHE DEN AST AB, AUF DEM SIE SITZEN
(Karl Garbe)

**Gott macht nur das Wasser, doch der Mensch den Wein**
(Viktor Hugo)

*Aktuelles aus der Medizin:*

# Ärzte warnen vor überlagertem Alkohol

**Professor rät: „Komm, komm, Brüderchen trink...“**

Sie waren immer der Meinung, Bier, Wein, Sekt und erst recht die hochprozentigen Sachen könnten niemals verderben, weil der Alkohol konserviert? Völlig falsch!

Auf einem Medizinerkongreß in Prositburg wurde jetzt sogar ausdrücklich vor den Gefahren überlagerter Getränke gewarnt. Professor B. Soffen von der Trinkakademie in Feuchtheim wörtlich:

„Alla... Alli... Allo... hol mu... mussu... – hicks – ...sch... sch...schnell t...t... trinckn ...– rülps.“

Von den hochprozentigen Spirituosen sind Weinbrände (ebenso Brandy und Cognac) besonders empfindlich.

Nach dem Öffnen werden durch die Sauerstoffzufuhr chemische Reaktionen ermöglicht, die zu sofortigem Qualitätsverlust führen. Nach ein bis zwei Monaten kann der Stoff dadurch sogar ungenießbar werden. Auch Whisky, Wodka, Gin und Korn oder die verschiedenen Rumsorten sind nur dann unbegrenzt haltbar, wenn sie in einer ungeöffneten Originalflasche lichtgeschützt aufbewahrt werden.

Weine sollten sofort ausgetrunken werden, schon am Tag nach der Öffnung können sogar wieder verkorkte Flaschen einen Essiggeschmack bekommen. Und Bier schmeckt sogar schon nach ein bis zwei Stunden abgestanden.

**Für die heutige Feier wurde deshalb nach Rücksprache mit Professor B. Soffen folgendes Motto ausgegeben: Um möglichen Gefahren vorzubeugen, muß der gesamte vorhandene Alkohol bis auf den letzten Tropfen vernichtet werden**

*Anregungen aus unserer Motorredaktion:*

# Neue Sprüche für das Autoheck

***Sie haben noch Platz für einen Sticker auf der Kehrseite Ihres Autos? Aber alles, was man so findet, ist Ihnen zu langweilig? Bitte sehr: Hier sind nicht etwa die letzten, sondern buchstäblich die allerletzten Ideen:***

- Ich bin gegen Tierversuche – nehmt lieber Manta-Fahrer!
- Ich bin kein Feigling – meine Bremsen sind ausgebaut
- Rettet den deutschen Wald – fahrt keine Holzautos!
- Bitte geräuschlos überholen – Fahrer schläft
- Recycling-Fahrzeug – dieses Auto war früher ein Porsche
- Rettet uns vor den Chausseebäumen – freie Fahrt für die Motorsägen
- Auch ich bin fürs Tempolimit – 250 km/h sind genug
- Ich bremse auch für Tiere – aber ich weiß nicht, wo hier die Bremse ist
- Achtung, Testwagen! Fahrer nimmt teil am Großversuch „Niemals unter 2,3 Promille“
- Ich bin gegen Atomkraftwerke – in meinem Kofferraum ist sowieso kein Platz mehr
- Rettet die Wale – fahrt nicht durchs Wasser

*Aktuell aus unserer Reise-Redaktion:*

## Brandheiße Tips für feucht-fröhliche Ferien

Fahrt doch mal nach Rüdesheim,
da soll'n sie gar nicht prüde sein.
Einen Bogen macht um München:
Da wollen sie Preußen lynchen.
Besser ist es in Schwerin,
da könnt ihr durch die Kneipen zieh'n.
Und wer Lust hat, schnuppert mal
ein Wochenend' in Wuppertal.
Besonders nett sind die Vogesen,
da gibt's 'ne Menge Spaß am Tresen.
Oder fahrt nach Künzelsau,
da wird man in Rekordzeit blau.
Wenig Spaß hat man in Halle,
da ist das Bier um acht schon alle.
Und in Winsen an der Luhe
ist gegen neun schon Kneipenruhe.
Ganz freudlos ist's jedoch in Bremen:
Zehn Mark fürs Bier – die soll'n sich schämen!

**Hinweise für Rettungsmaßnahmen:**

# Flaschen und Kästen zuerst!

## Was alle Gäste für den Notfall wissen müssen

**1.** Bitte löschen Sie im Notfall sofort Ihre angerauchte Zigarette – und zünden Sie sich umgehend eine frische an. Es könnte sein, daß Sie sonst bei einer eventuell ausbrechenden Panik nicht mehr in Ruhe dazu kommen.

**2.** Bei der Räumung des Saales wird mit Sicherheit eine Panik ausbrechen, die zu Drängeleien vor den Türen führt. Blinder Eifer bringt also gar nichts – trinken Sie deshalb in Ruhe Ihre Gläser leer, und warten Sie erst mal ab.

**3.** Sollte es entgegen allen Erfahrungen ausnahmsweise gelingen, den Ausbruch einer Panik zu vermeiden, findet eine geordnete Evakuierung statt. Dabei verlassen die kräftigsten Männer den Saal zuerst und tragen angebrochene Flaschen und Getränkekisten ins Freie.

**4.** Mitgebrachte Schwimmwesten, Fallschirme, Rettungsinseln, Klappspaten, tragbare Sauerstoffzelte und/oder Ganzkörperkondome legen Sie bitte nach dem Verlassen des Gebäudes vor der Vorderfront ab. Die originellsten Rettungsgeräte werden prämiert.

**5.** Sollte keine Panik ausbrechen und es Ihnen gelingen, ganz ruhig ins Freie zu kommen, achten Sie bitte auf die Kameras des Privatfernsehens. Weil nur dramatische Bilder tatsächlich gesendet werden, sollten Sie beim Anblick der Kameras sofort Schreikrämpfe vortäuschen, sich auf dem Boden wälzen und nach Ihrer Mutter rufen. Wer keinen Wert auf TV-Bilder vom eigenen, panikverzerrten Gesicht (bitte vorher üben!) legt, gibt dem Kameramann durch kurzes Abwinken sein Desinteresse zu verstehen und räumt die Bildfläche.

**6.** Bei Gasgeruch sind außerdem alle Fenster zu schließen, um die Gefährdung auf den Festsaal zu begrenzen. Dadurch nimmt zwar die Gefahr für die hier anwesenden Gäste dramatisch zu. Nach Rücksprache mit dem örtlichen Feuerwehrhäuptling wurde aber die Devise ausgegeben: Lieber ein Haus richtig explodieren lassen, als die ganze Stadt ein bißchen beschädigen.

**7.** Bei Ausbruch eines Brandes stellen Sie bitte zunächst die Heizung ab, um eine zusätzliche Energieverschwendung zu vermeiden.

**8.** Zur Brandbekämpfung stehen an verschiedenen unzugänglichen Stellen des Saales Behälter mit Löschpapier zur Verfügung.

**9.** Ob, wann und in welcher Form den Anweisungen von Polizei und Feuerwehr Folge geleistet werden soll, entscheidet der „Diskussionkreis autonomer Panikgegner". Er trifft sich eine halbe Stunde nach Feststellung des Notfalls in der hinteren linken Saalecke zu seiner konstituierenden Sitzung.

**10.** *Sollten Sie sich in der Aufregung eines Notfalls nicht an alle Regeln erinnern, pfeifen Sie auf alle anderen, und merken Sie sich nur diese: Schnappen Sie sich Ihre/n Ehepartner/in und eventuell zu Ihnen gehörende Kinder sowie weitere Angehörige – und sehen Sie verdammt noch mal zu, irgendwie 'rauszukommen.*

*Hier finden sich Anregungen für Überschriften zu den verschiedensten Artikeln. In unseren Vorschlägen gibt es immer eine „Dachzeile", eine „Hauptüberschrift" und eine „Unterzeile". Natürlich müssen nicht immer alle drei Überschriften verwendet werden. Man kann auch nur zwei oder nur eine auswählen – oder z. B. auch die „Dachzeile" mit der Hauptüberschrift eines anderen Vorschlages kombinieren. Vor allem aber kann jede Überschrift auch als kleine Inhaltsangabe und Anregung für die eine oder andere „Story" verstanden werden.*

**Partymuffel ertappt:**

***Die dümmsten Ausreden für Absagen***

Wer nicht kommt – und warum

**Bundesregierung ist besorgt:**

**WIEDER EINE FEIER OHNE TRIFTIGEN GRUND**

**Krisenstab nimmt Beratungen auf**

*Sonderzüge, Charterjets, kilometerlange Staus:*

**Geschäftseröffnung verursacht Verkehrschaos**

**Tolle Räume, gute Preise – aber zu wenig Sekt**

Partyrunde sucht Opfer für neue Feier:

**Jeden kann es treffen...**

Größe der Hausbar soll entscheidend sein

**Einweihungsparty – Hausherr schlief ein:**

**Neubau schon wieder abbruchreif**

**Ein Gast: Wir kommen gern wieder**

***Opfer packt aus:***

**Polizeikontrolle – einer kam durch**

**Mit Leserservice: Wie man ein Taxi bestellt**

**Polizeieinsatz**

**Innenminister bricht Urlaub ab** **wegen**

**Examensfeier**

**Nachbarin weint:**

**„Dabei sahen die so ordentlich aus!"**

**Gefahr**

**durch große Alkoholvorräte**

**Panik**

**wegen Grillparty**

**Feuer-**

**wehr: Kein Risiko für die Bevölkerung**

Kneipenjubiläum –
Wirt flüchtet vor wilder Meute:

**Hilfe,**

**meine Gäste zapfen jetzt selbst!**

**Biervorrat reicht für 12 Tage**

**Gastgeber behauptet:**

**Mein Hund**

**kann sprechen!**

**Tierarzt: „Vermutlich ein Gast, der auf allen Vieren kroch"**

***Chef im Urlaub – Belegschaft betrunken:***

**Jetzt versaufen wir die Portokasse**

**Pförtner ist ratlos: Keiner geht nach Hause**

*Die besten Tips aus unserem Kochstudio:*

# SO WIRD JEDE GRILLPARTY ZUM FEURIGEN ERLEBNIS

Zunächst einmal ist es wichtig, einen geeigneten Platz für das Aufstellen des Grills zu finden. Hierzu besorge man sich mehrere Rauch- oder Nebelbomben, die an verschiedenen in Frage kommenden Standorten für den Grill gezündet werden. Der Platz, an dem die gezündete Rauchbombe zu hörbaren Hustenreizen bei den Nachbarn geführt hat, ist der ideale Aufstellpunkt.

**1.** Für das Entzünden der Holzkohle eignet sich, vor allem bei romantischen Grillfesten, die Robinson-Methode. Dabei werden zwei kleine Hölzchen so lange aneinander gerieben, bis sich Brandblasen an den Fingern und eventuell auch kleine Flämmchen an einem der Hölzchen zeigen. Weil diese Methode erfahrungsgemäß etwas länger dauert, sollten nur Gäste mit einer ausreichenden Zahl von Resturlaubstagen eingeladen werden.

**2.** Um die mitunter bis zum Entzünden des Grills unter den Gästen auftretenden Hungersnöte zu dämpfen, sollte vorher der kürzeste Weg zu einer Imbiß-Bude ausgekundschaftet werden.

**3.** Wem dieses Verfahren zu langwierig ist, dem sei die Verwendung von Grillanzündern empfohlen. Allerdings haben sie gegenüber dem Gebrauch von Brennspiritus den Nachteil, daß es nur selten zu Explosionen kommt. Die Grillanzünder finden deshalb fast ausschließlich bei Langweilern Verwendung und bringen die Gäste erfahrungsgemäß um einige heiße Zusatzerlebnisse. Wenig geeignet zum Entzünden der Kohle sind nach unseren Erfahrungen Feuerwasser und Löschpapier.

**4.** Sollte die Kohle zwischenzeitlich erlöschen, rät die Feuerwehr zwar dringend davon ab, Brennspiritus, Benzin, Nitroglyzerin oder ähnliches auf die noch heiße Kohle zu gießen. Wer aber richtig Spaß haben will, ruft eine Viertelstunde vorher den Notarzt und probiert es trotzdem. Dabei gilt die Devise: Mehr knallt mehr – nur Feiglinge verstecken sich hinterm Baum.

**5.** Der Grillrost muß vor dem Auflegen der Würste, Steaks und Fleischspieße auf seine richtige Temperatur überprüft werden. Dies sollte man nicht mit den Fingern tun – Experten machen es statt dessen mit der auch auf feinste Temperaturschwankungen besser reagierenden Zungenspitze.

**6.** Ob das Grillgut bereits gar ist, läßt sich nicht immer ganz leicht erkennen. Hierzu ein besonderer Tip: Der Gastgeber beißt vor dem Servieren in jedes Stück hinein – verbrennt er sich die Zunge, sind Fleisch oder Würstchen „durch".

**7.** Gesundheitsbewußte Naturen sorgen sich immer wieder wegen der beim Grillen entstehenden Nitrosamine, die sich auf dem Grillgut niederschlagen und krebserregend sind. Doch auch diese Gefahr läßt sich vollends ausschalten: Das Fleisch bleibt so lange über dem Feuer, bis es vollständig verkokelt ist. Dann sind auch die unsichtbaren Krankmacher mit Sicherheit verbrannt. Gefahr droht jetzt keine mehr. Und dann heißt es:

GUTEN APPETIT!

Die richtige Diät nach der Feier:

# Blitzschnell ist der Speck weg

*Der Kartoffelsalat mit Majo, der Pudding mit viel Sahne, der Schweinebraten mit der fetten Kruste – nach einer Feier bleiben immer ein paar Pfunde hängen. Hungern oder wenigstens F.d.H. sind angesagt.*

*Aber es gibt noch andere Möglichkeiten: Wir haben ein paar Diäten aus aller Welt zusammengestellt, mit denen Sie spielend Ihr altes Gewicht wieder erreichen – und, wenn Sie wollen, auch Ihr Gewicht von vor 30 Jahren.*

## Die Eskimo-Diät:

Sie dürfen essen, so oft und so viel Sie wollen. Die Zubereitung: Eine große Portion Eiswürfel mit Wasser verrühren, kurz aufkochen und lauwarm servieren.

## Die Indianer-Diät:

Lassen Sie sich von einer Person Ihres Vertrauens so an eine Heizung fesseln, wie man es aus den Szenen am Marterpfahl kennt. Die Wärme schmilzt das Fett weg.

## Die Autofahrer-Diät:

Sie beginnt damit, daß alle Fahrzeugschlüssel in einen Schacht der städtischen Kanalisation geworfen werden. Und künftig werden statt des Autos einfach die Füße bewegt.

## Die Chinesen-Diät:

Serviert werden darf, was und wieviel Sie wollen. Allerdings muß vorher die rechte Hand auf den Rücken gebunden werden – und als Eßbesteck gibt es nur Stäbchen.

Schnellkursus:

# So werden Sie zum Weinkenner

**Motto: Bloß nicht auffallen – aber kräftig mittrinken**

***Wein ist in – wer etwas auf sich hält, kann bei edlen Tropfen mitreden. Und wer es nicht kann, sollte zumindest so tun, als könnte er es. Damit Sie wenigstens das können, haben wir einige hilfreiche Tips zusammengestellt.***

Die Auswahl des Weines kann bereits zur Blamage werden – wenn man den Namen nicht richtig aussprechen kann. Heißer Tip: Sind die Weine nicht numeriert, bitten Sie gönnerhaft einen Tischnachbarn, zu bestellen. „Ich will das nicht immer machen." Falls Sie es doch wagen: Wer den billigsten oder teuersten nimmt, entlarvt sich sofort als Wein-Banause oder Großkotz.

Beim Probieren ist es üblich, daß nur ein kleiner Schluck ins Glas gegossen wird. Beschweren Sie sich also nicht über die „winzige Pfütze" – es gibt noch mehr. Zuvor müssen Sie allerdings am Wein schnüffeln, einen Schluck in den Mund nehmen, den Kopf nach hinten legen, leicht gurgeln, den Wein im Mund umspülen (Mund dabei schließen!), den Wein herunterschlucken, Schmatzgeräusche von sich geben und dem Kellner leicht gelangweilt, aber zustimmend zunicken.

Achten Sie auf die Reihenfolge und vergessen Sie kein Detail – sonst bleibt die Bedienung bis zum Sankt Nimmerleinstag neben Ihnen stehen – ohne nachzuschenken!

Das Kommentieren des Weines ist zwingend erforderlich. Erst beim Gespräch nach dem Probieren zeigt sich der wahre Experte.

Deshalb sollte man darauf achten, die für Weine üblichen Beschreibungen zu verwenden. Üblich ist es, einen Wein als

***blumig, feurig, frisch, hart, herb, kernig, kräftig, mild, rassig, rund, schwer, spritzig, süffig, weich***

zu beschreiben – aber natürlich nicht alle Beschreibungen für ein und denselben Wein verwenden. Suchen Sie sich ein paar nette aus. Welche, das ist egal. Denn bei den Bedeutungen blickt auch der echte Experte nicht durch (ätsch!).

Aber: Nicht selbst irgendwelche Beschreibungen ausdenken. Wer den Wein zum Beispiel als

***knackig, knusprig, lecker, schleimig, schlüpfrig, witzig***

bezeichnet, hat das Spiel sofort verloren. Die beste Reaktion ist der von Understatement getragene Satz: „Ja, der ist ganz gut trinkbar."

***Ende, aus – und Prost!***

Wer die Wahl hat, hat die Qual:

# Neue Parteien stellen unglaubliche Forderungen

Von unserem Bonner Korrespondenten R. Brechen

**Vermeiden läßt es sich nicht – die nächsten Wahlen kommen bestimmt. Und schon jetzt wurde eine ganze Reihe neuer Parteien gegründet, die Ansprüche auf die Übernahme von Mandaten angemeldet haben.**

Die **F**reie **D**eutschen **P**ils-Union – ein Zusammenschluß von Stammtischbrüdern aus allen Bundesländern – geht mit einer Hauptforderung an den Tresen: „Schafft das irreführende alkoholfreie Bier ab." Die Fünf-Prozent-Hürde ist für diese Gruppe kein Thema: „Wir sind schon mit drei Promille zufrieden."

Besonders hohe Erwartungen verknüpfen die **S**angesfreudigen **P**ensionäre **D**eutschlands mit ihrem ersten Auftreten auf der politischen Bühne: „Wir wollen von niemandem die Stimme haben – wir singen selbst."

Sorgen bereitete anfangs dem Verfassungsschutz eine Gruppe, die sich schließlich als das **K**leingärtner **P**odium **D**ortmund" zu erkennen gab. Hauptforderung der engagierten Nachwuchs-Politiker: „Schluß mit der Folter im Obstgarten – weg mit den Stachelbeeren".

Eine **K**ritische **B**eamten **W**ahlunion tritt lediglich mit einem einzigen Slogan an: „Keine 30-Stunden-Woche für den Öffentlichen Dienst – wir wollen uns nicht verschlechtern."

Die **C**harakterstarken **D**enker im **U**ntergrund sind bisher vor allem durch zwei Forderungen aufgefallen, die unter anderem über den Piratensender Freies Ostfriesland verbreitet wurden.

So verlangen sie unter anderem: „Sprengt die Alpen – freie Sicht aufs Mittelmeer" und: „Freiheit für die Gummibärchen – weg mit den Tüten".

Übersetzungshilfe:

# So blicken Sie durch bei Traumberufen

***Auf jeder großen Feier werden Sie viele Menschen treffen, die Sie bisher noch gar nicht kannten. Und bei der (spätestens im dritten Satz auftauchenden) Frage nach dem Beruf werden Sie feststellen, daß alle in herausragenden Führungspositionen arbeiten – und entsprechend gigantische Gehälter beziehen. Doch bevor Sie Minderwertigkeitskomplexe bekommen, lesen Sie unsere kleine Übersetzungshilfe. Dann wissen Sie, was sich wirklich dahinter verbirgt.***

**Entsorgungsspezialist** im Kommunalbereich: Müllmann

**Reststoff-Analytiker** im Catering: Tellerwäscher

**Rohstoff-Logistiker** in einem Großkonzern: Lagerarbeiter

**Experte** für Betriebshygiene und Rohstoff-Recycling: Putzfrau/-mann

**Koordinator** für interne Kommunikationsabläufe: Bürobote

**Operator** im Telekommunikationsbereich: Telefonist/in

**Außendienstspezialist** in der Printmedien-Branche: Zeitungsbote

**Verfahrens-Anwender** in der Fast-Food-Produktion: Fleischklopsbrater bei Mc-Soundso

**Spezialist** für Tensid- und Enzymanwendung im Mobilbereich: Wagenwäscher

**Supervisor** im Traffic-Controling: Politesse oder Streifenpolizist

**Systemanwender** für Großflächengrafik: Plakatkleber

***Und wenn Sie selbst gefragt werden, dann sagen Sie einfach, Sie würden nur einen ganz normalen, aber ehrlichen und wichtigen Beruf ausüben, zum Beispiel Kanalarbeiter oder Straßenkehrer.***
***Was glauben Sie, wie unangenehm den anderen ihr eigener Schwindel plötzlich ist...***

Die Autoren: Eckhard W. Scholz arbeitet als Redaktionsleiter in einem großen Anzeigenblatt-Verlag.
Sabine Weiden ist Journalistin und hat zahlreiche Ratgeber und Verbraucherführer geschrieben.



Die Deutsche Bibliothek – CIP-Einheitsaufnahme

**Scholz, Eckhard W.:**
Die lustige Festzeitung : Hochzeit, Jubiläum, Abitur, Familientag, Bierzeitung / Eckhard W. Scholz ; Sabine Weiden. – 2. Aufl. – Augsburg : Augustus-Verl., 1995
ISBN 3-8043-3015-0

Augustus Verlag, Augsburg

Redaktion: Dr. Marianne Jabs
Illustrationen: Christofer Kochs, Augsburg
Zeichnungen, Layout: Fred Butzke, Seelze
Umschlaggestaltung: Christa Manner, München
Druck und Bindung: Westermann Druck Zwickau GmbH

Gedruckt auf umweltfreundliches (elementar chlorfreies) Papier

Printed in Germany

ISBN 3-8043-3015-0